中小企業の社内調査

弁護士法人 ほくと総合法律事務所［編著］

一般社団法人 金融財政事情研究会

本書の構成

1 企業不祥事は身近なもの

「企業不祥事」という言葉を聞いたことすらないという読者はいないだろう。数多くの企業不祥事が最近になっても明らかとなり、報道でも企業不祥事という言葉が頻繁に使われているため、一般的な言葉になっている。

自分が経営する企業や勤務する企業は企業不祥事とは無縁であると考えている読者がいるかもしれない。しかし、そのような考えは改めなければならない。企業不祥事は、大企業だけでなく中小企業であっても起こりうるし、提供する商品・サービスの内容にかかわらず起こりうる。企業には、「ヒト」がいるので、「ヒト」にかかわる企業不祥事が起こりうるし、「モノ」があるので、「モノ」にかかわる企業不祥事が起こりうるし、「カネ」を扱うので、「カネ」にかかわる企業不祥事が起こりうる。「ヒト」「モノ」「カネ」と無関係な企業はありえないのだから、企業不祥事は、自分が経営する企業や勤務する企業でいつ起こってもおかしくない。

2 業績や命運を左右しかねない企業不祥事を起こさないためには

企業不祥事の程度はさまざまである。明らかな法令違反だとしても、従業員、取引先、消費者、行政機関などのステークホルダーの信頼を大きく損ねることがなく、企業の業績や命運を左右しないレベルのものもある。他方で、必ずしも法令違反でないとしても、ステークホルダーの信頼を大きく損ね、企業の業績や命運を左右しかねないレベルのものもある。

業績や命運を左右しかねない企業不祥事を起こしたくないと考える企業にとって非常に重要なことは、できる限り早く企業で発生している問題に気づくことである。なぜなら、企業として、早めに問題に気づくことができれば、早めに問題を是正することができるので、致命的な企業不祥事に至りづらく、業績や命運も左右されにくいからである。これに対して、企業とし

て、なかなか問題に気づくことができず、問題が是正されないまま深刻化したり、また、問題に気づいているのに、それが是正されないまま放置されたりして、問題を大きくしてしまうのが最悪の展開である。いったん問題が発覚して調査したのに、調査が不十分で、再び同じ問題が発生し、問題を大きくしてしまうのも最悪の展開である。なぜなら、問題が大きくなればなるほど、致命的な企業不祥事に至りやすく、業績や命運も左右されやすくなるからである。

　大企業の場合、社内の人材も豊富で、問題発見・調査・是正という各場面で、弁護士や会計士等の社外の専門家の知見を活用する機会を設けることも容易である。これに対して、中小企業の場合、大企業に比べて、社内の人材が乏しいし、問題発見・調査・是正という各場面で、社外の専門家の知見を活用する機会を設けることも容易ではない。それにもかかわらず、中小企業であっても、ひとたび問題を発生させれば、取引先の大企業や行政機関などから要請され、十分な調査を求められることも多くなっている。

　本書は、中小企業であっても、できる限り業績や命運を左右しかねない企業不祥事を起こさないよう、数多くのケースを取り上げて、①どのようなケースが問題となるか（問題を察知する能力）、②どのように調査を行えばよいか（調査する能力）、③どのように問題を是正すればよいか（問題を是正する能力）について具体的に解説している。

3　問題を察知する能力の向上

　「できる限り早く発生している問題に気づく」ことは、中小企業ではそう簡単なことではない。役職員の一人ひとりが、何が問題なのかを理解していなければ、問題が見逃されてしまう。問題が発生しているのに、見逃されれば、問題が大きくなってしまい、業績や命運を左右しかねない企業不祥事が起こりかねない。

　そのため、本書は、少しでも問題を察知する能力の向上につながることを目的として、本書で取り上げた事例の解説の冒頭で、「どのようなケースが

問題となるか」という観点から解説している。

4　調査する能力の向上

「できる限り早く発生している問題に気づく」ためには、調査する能力も向上させなければならない。問題の兆候に気づくことができたとしても、適切な調査を行うことができず、問題を把握できなければ、結局のところ、企業内に問題が潜み続けることになり、問題が大きくなってしまい、業績や命運を左右しかねない企業不祥事が起こりかねない。

調査は、①客観的な資料の収集を行い、②関係者に対するヒアリングを行い、③問題を発生させている張本人に対するヒアリングを行うという手順で進められることが多い。

客観的な資料の収集は、どのような問題を調査するのかによって異なるが、最近の企業不祥事の調査は、E-mailやその添付ファイル、PCやサーバーに保存されている各種データを分析すること（デジタル・フォレンジック）が多い。徹底した調査を行うため、相応の費用をかけて、デジタル・フォレンジックの専門業者を活用することもある。人間の記憶は、時間が経てば経つほどあいまいになるし、また、不正を行った人間は、必ずしも記憶している真実を語るとは限らない。そのため、できる限り客観的な資料の収集を行い、関係者に対するヒアリング、ひいては、問題を発生させている張本人に対するヒアリングを効果的に行うことが何よりも重要になる。

そして、ヒアリングは、とにかく事前準備が重要である。行き当たりばったりでヒアリングに臨むと、客観的な資料との不整合を見落とし、確認すべき事項にもれが出たりするので、あらかじめ、ヒアリングに関連する客観的な資料を十分に検討するとともに、ヒアリング対象者から何を確認するのかを十分に検討するという事前準備が重要である。社外の関係者に対する調査と異なり、社内の関係者に対する調査であれば、何度でも実施できるという安易な考えはもつべきではない。人間は、いったん説明した内容と異なる説明をすることを躊躇することがあるため、初回のヒアリングで真実を語って

もらうことが非常に重要なのである。

　当然のことながら、客観的な資料として何を収集すべきなのか、また、だれに対して何をヒアリングするかは、どのような問題を調査するのかによって異なる。そのため、本書では、少しでも調査する能力の向上につながることを目的として、それぞれのケースの解説のなかで、共通した見出しとして「調査は必要か」「調査では何を調べるか」を設け解説している。

5　問題を是正する能力の向上

　調査の結果、問題があるという結論に至った場合はもちろん、問題があるという結論に至らなかったとしても問題が生じる可能性がある場合には、問題の是正措置や予防策・再発防止策を検討しなければならない。問題があるにもかかわらず、その状態を放置したとなれば、そのこと自体が業績や命運を左右する企業不祥事となりかねない。

　そのため、本書は、問題を是正する能力の向上を目的として、ケースの解説のなかで、共通した見出しとして「調査結果を踏まえてどのように対応するか」「報告書はどのようにまとめるか」を設け解説している。なお、中小企業の調査を担当する方が「経営トップに対してどのように報告するか」についても見出しを設け報告書のポイントやさらに付言する項目を解説している。

　本書が中小企業の不祥事対策の役に立てば幸いである。

2019年2月

　　　　　　　　　　窪田　もとむ・成川　毅・中原　健夫

目　次

第1章　■　ヒ　ト

1－1　不適切なSNS利用 …… 2

- 1　どのようなケースが問題となるか …… 2
- 2　調査は必要か …… 3
  - (1)　調査の必要性 …… 3
  - (2)　損害賠償リスク …… 3
- 3　調査では何を調べるか …… 4
  - (1)　投稿内容の保全等 …… 4
  - (2)　事実関係の確認 …… 4
- 4　調査結果を踏まえてどのように対応するか …… 5
  - (1)　事実関係の対外的報告、原因分析や再発防止策の策定・公表 …… 5
  - (2)　社員に対する懲戒処分 …… 6
  - (3)　損害賠償請求 …… 7
- 5　報告書はどのようにまとめるか …… 8
- 6　経営トップに対してどのように報告するか …… 8

1－2　Facebookでの不適切な投稿 …… 9

- 1　どのようなケースが問題となるか …… 9
- 2　調査は必要か …… 10
  - (1)　初動対応をどうするべきか …… 10
  - (2)　調査は必要か …… 11
- 3　調査では何を調べるか …… 12
  - (1)　投稿者の特定方法①──発信者情報開示請求 …… 12

(2)　投稿者の特定方法②——ヒアリング ································· 13
　　(3)　投稿者の特定方法③——社内アンケート ··························· 13
　　(4)　投稿者を特定することができた場合 ································· 15
　4　調査結果を踏まえてどのように対応するか ······························· 15
　　(1)　是正措置 ··· 15
　　(2)　再発防止措置 ·· 16
　5　報告書はどのようにまとめるか ·· 16
　6　経営トップに対してどのように報告するか ······························· 17

1－3　ハラスメント（セクハラ）　　　　　　　　　　　　　　18

　1　どのようなケースが問題となるか ·· 18
　2　調査は必要か ··· 19
　　(1)　会社の損害賠償責任 ·· 20
　　(2)　性交渉が合意に基づかないものであった場合、被害は甚大であ
　　　　　り、すみやかに措置を講じる必要があること ······················ 24
　　(3)　加害者の懲戒処分を検討する必要があること ······················ 25
　　(4)　会社に刑事事件の捜査が及ぶ可能性があること ··················· 25
　3　調査では何を調べるか ·· 26
　　(1)　調査主体 ··· 26
　　(2)　調査手順 ··· 27
　　(3)　調査における留意事項 ··· 28
　4　調査結果を踏まえてどのように対応するか ······························· 30
　　(1)　セクハラ該当性の判断 ··· 30
　　(2)　被害者に対する配慮の措置 ·· 30
　　(3)　再発防止措置 ·· 30
　　(4)　懲戒処分 ··· 31
　5　報告書はどのようにまとめるか ·· 32
　6　経営トップに対してどのように報告するか ······························· 32

1－4　ハラスメント（パワハラ）　34

- 1　どのようなケースが問題となるか……………………………34
- 2　調査は必要か……………………………………………………35
  - (1)　パワハラの定義と考え方……………………………………35
  - (2)　パワハラをめぐる法的責任等………………………………36
  - (3)　ケースへの当てはめ…………………………………………38
- 3　調査では何を調べるか…………………………………………38
  - (1)　調査項目………………………………………………………38
  - (2)　調査手法………………………………………………………39
  - (3)　ケースへの当てはめ…………………………………………39
- 4　調査結果を踏まえてどのように対応するか…………………40
- 5　報告書はどのようにまとめるか………………………………41
- 6　経営トップに対してどのように報告するか…………………42
  - (1)　営業担当役員の言動（(1)のケース）………………………42
  - (2)　部下の行動（(2)のケース）…………………………………42

1－5　ハラスメント（マタハラ）　44

- 1　どのようなケースが問題となるか……………………………44
- 2　調査は必要か……………………………………………………45
  - (1)　マタハラの定義………………………………………………45
  - (2)　男女雇用機会均等法や同法に基づく指針…………………46
  - (3)　損害賠償請求リスク（不法行為責任、債務不履行責任）……46
  - (4)　すみやかに調査を行い、マタハラに該当するかを確認することは紛争予防等の観点からも重要であること………………48
- 3　調査では何を調べるか…………………………………………49
  - (1)　調査主体………………………………………………………49
  - (2)　調査手順………………………………………………………49

		(3) 調査に伴う留意事項 ································· 51
4	調査結果を踏まえてどのように対応するか ················· 51	
	(1) 相談者と他の社員に対する配慮の措置 ················· 52	
	(2) 部長に対する懲戒処分 ··························· 52	
	(3) 再発防止の措置 ································· 53	
5	報告書はどのようにまとめるか ······················· 54	
6	経営トップに対してどのように報告するか ················· 54	

1－6　取引先従業員へのストーカー行為　　56

1	どのようなケースが問題となるか ······················· 56
2	調査は必要か ····································· 57
3	調査では何を調べるか ······························· 57
	(1) ストーカー規制法の概要 ··························· 57
	(2) 刑法上の脅迫罪・強要罪該当性 ····················· 58
	(3) 考えられる調査 ································· 59
4	調査結果を踏まえてどのように対応するか ················· 60
	(1) 取引先の従業員や上司への謝罪 ····················· 61
	(2) 当社の従業員に対する懲戒処分 ····················· 61
	(3) 警察への相談 ··································· 62
5	報告書はどのようにまとめるか ······················· 62
6	経営トップに対してどのように報告するか ················· 63

1－7　内部通報への対応ミス　　64

1	どのようなケースが問題となるか ······················· 64
2	調査は必要か ····································· 65
	(1) 内部通報制度に関する当社社内規程等違反 ··············· 65
	(2) 公益通報者保護法違反 ··························· 66
	(3) 損害賠償リスク ································· 66

(4)　内部告発リスク ………………………………………… 67
　　(5)　元請会社との取引解消リスク …………………………… 67
　3　調査では何を調べるか ………………………………………… 68
　　(1)　考えられる初動 …………………………………………… 68
　　(2)　考えられる調査 …………………………………………… 68
　4　調査結果を踏まえてどのように対応するか ………………… 70
　　(1)　是正措置 …………………………………………………… 71
　　(2)　再発防止措置 ……………………………………………… 71
　5　報告書はどのようにまとめるか ……………………………… 72
　6　経営トップに対してどのように報告するか ………………… 73

1-8　従業員の引き抜き画策　　　　　　　75

　1　どのようなケースが問題となるか …………………………… 75
　2　調査は必要か …………………………………………………… 75
　　(1)　営業秘密の不正利用 ……………………………………… 76
　　(2)　当社の元常務取締役による当社従業員の引き抜き行為 … 76
　3　調査では何を調べるか ………………………………………… 77
　　(1)　考えられる初動 …………………………………………… 77
　　(2)　考えられる調査 …………………………………………… 78
　4　調査結果を踏まえてどのように対応するか ………………… 80
　　(1)　重要な情報の管理体制の見直し ………………………… 81
　　(2)　役員との契約内容の見直し ……………………………… 81
　　(3)　従業員との契約内容の見直し …………………………… 81
　5　報告書はどのようにまとめるか ……………………………… 82
　6　経営トップに対してどのように報告するか ………………… 83

1-9　稟議書添付書類の偽造　　　　　　　85

　1　どのようなケースが問題となるか …………………………… 85

目　次　9

2 調査は必要か ·· 86
 (1) 新たな取引先を選定する段階で稟議書添付書類の偽造が発覚した場合 ·· 86
 (2) 偽造書類を添付書類として稟議がなされ実際の取引に至っている場合 ·· 86
3 調査では何を調べるか ·· 87
 (1) 調査対象 ·· 87
 (2) 調査手法 ·· 87
4 調査結果を踏まえてどのように対応するか ························ 89
 (1) 再発防止策の検討 ··· 89
 (2) 稟議書作成担当者や関与者への対応 ································ 89
 (3) 対外的なアナウンスの要否 ·· 90
5 報告書はどのようにまとめるか ······································· 90
6 経営トップに対してどのように報告するか ······················· 91

1－10　社員証の偽造　　　　　　　　　　　　　　　92

1 どのようなケースが問題となるか ···································· 92
2 調査は必要か ·· 93
3 調査では何を調べるか ·· 93
 (1) 調査対象 ·· 93
 (2) 調査手法 ·· 94
4 調査結果を踏まえてどのように対応するか ························ 95
 (1) 再発防止策の検討 ··· 95
 (2) 対外的なアナウンスの要否 ·· 96
5 報告書はどのようにまとめるか ······································· 96
6 経営トップに対してどのように報告するか ······················· 97

1−11　通勤中の痴漢　　　　　　　　　　　　　　　　98

1	どのようなケースが問題となるか ……………………………… 98
2	調査は必要か …………………………………………………… 98
3	調査では何を調べるか ………………………………………… 99
(1)	被疑事実の概要 ………………………………………………… 99
(2)	身柄拘束の現状 ………………………………………………… 99
(3)	本人の健康状態・精神状態 …………………………………… 100
(4)	起訴の可能性 …………………………………………………… 100
(5)	その他参考情報 ………………………………………………… 101
4	調査結果を踏まえてどのように対応するか ………………… 101
(1)	欠勤の処理 ……………………………………………………… 101
(2)	起訴された場合 ………………………………………………… 101
(3)	不起訴となった場合 …………………………………………… 103
(4)	対外的なアナウンスの要否 …………………………………… 103
5	報告書はどのようにまとめるか ……………………………… 103
6	経営トップに対してどのように報告するか ………………… 104

1−12　名誉毀損　　　　　　　　　　　　　　　　　　　105

1	どのようなケースが問題となるか ……………………………… 105
2	調査は必要か …………………………………………………… 106
3	調査では何を調べるか ………………………………………… 106
(1)	損害賠償請求の法的根拠・法的主張 ………………………… 106
(2)	事実関係の確認 ………………………………………………… 108
4	調査結果を踏まえてどのように対応するか ………………… 108
5	報告書はどのようにまとめるか ……………………………… 109
6	経営トップに対してどのように報告するか ………………… 110

第 2 章　■　モノ・情報

2－1　会社所有車による交通事故　　112

1　どのようなケースが問題となるか……………………………112
2　調査は必要か……………………………………………………113
3　調査では何を調べるか…………………………………………113
　(1)　どのような法的責任が発生するか……………………………114
　(2)　具体的な調査…………………………………………………116
4　調査結果を踏まえてどのように対応するか…………………117
5　報告書はどのようにまとめるか………………………………118
6　経営トップに対してどのように報告するか…………………119

2－2　自宅で業務をするための個人情報の持出し　　121

1　どのようなケースが問題となるか……………………………121
　(1)　個人情報保護の問題…………………………………………122
　(2)　不正競争の問題………………………………………………123
2　調査は必要か……………………………………………………124
3　調査では何を調べるか…………………………………………125
　(1)　考えられる初動………………………………………………125
　(2)　考えられる調査………………………………………………126
4　調査結果を踏まえてどのように対応するか…………………127
　(1)　影響を受ける可能性のある本人への謝罪と連絡……………127
　(2)　再発防止策の検討と実施……………………………………127
　(3)　事実関係と再発防止策の監督官庁への報告・対外的公表…128
　(4)　従業員の社内処分（懲戒処分）……………………………129
5　報告書はどのようにまとめるか………………………………130
6　経営トップに対してどのように報告するか…………………131

第3章 ■ カ ネ

3－1　会社経費の流用（横領） …………………………………… 134
- 1　どのようなケースが問題となるか ………………………………… 134
- 2　調査は必要か ………………………………………………………… 135
- 3　調査では何を調べるか ……………………………………………… 136
  - (1)　経費の支出自体が存在するのか ………………………………… 136
  - (2)　支出が業務に関連するものかどうか …………………………… 136
- 4　調査結果を踏まえてどのように対応するか ……………………… 137
  - (1)　方針の検討 ………………………………………………………… 137
  - (2)　役員の地位 ………………………………………………………… 137
  - (3)　損　　害 …………………………………………………………… 138
- 5　報告書はどのようにまとめるか …………………………………… 138
- 6　経営トップに対してどのように報告するか ……………………… 139

3－2　取締役による不正委託 ……………………………………… 140
- 1　どのようなケースが問題となるか ………………………………… 140
- 2　調査は必要か ………………………………………………………… 140
- 3　調査では何を調べるか ……………………………………………… 141
- 4　調査結果を踏まえてどのように対応するか ……………………… 142
  - (1)　方針の検討 ………………………………………………………… 142
  - (2)　役員の地位 ………………………………………………………… 142
  - (3)　契約の解除 ………………………………………………………… 143
  - (4)　損　　害 …………………………………………………………… 143
- 5　報告書はどのようにまとめるか …………………………………… 143
- 6　経営トップに対してどのように報告するか ……………………… 144

3-3　個人的キックバックが税務調査により発覚　　146

- 1　どのようなケースが問題となるか …………………………… 146
- 2　調査は必要か ……………………………………………………… 149
- 3　調査では何を調べるか …………………………………………… 150
  - (1) 調査主体 ……………………………………………………… 150
  - (2) 調査対象 ……………………………………………………… 150
  - (3) 調査手順 ……………………………………………………… 151
  - (4) 調査のポイント ……………………………………………… 152
- 4　調査結果を踏まえてどのように対応するか ………………… 153
  - (1) 是正措置 ……………………………………………………… 153
  - (2) 再発防止措置 ………………………………………………… 153
  - (3) 刑事告訴 ……………………………………………………… 153
- 5　報告書はどのようにまとめるか ……………………………… 154
- 6　経営トップに対してどのように報告するか ………………… 155

3-4　不合理なリベート　　156

- 1　どのようなケースが問題となるか …………………………… 156
- 2　調査は必要か ……………………………………………………… 157
- 3　調査では何を調べるか …………………………………………… 157
  - (1) 具体的リベート条件 ………………………………………… 157
  - (2) リベート条件の社内ルール適合性 ………………………… 158
  - (3) 原因調査 ……………………………………………………… 158
- 4　調査結果を踏まえてどのように対応するか ………………… 159
  - (1) 悪質性が大きい場合 ………………………………………… 159
  - (2) 悪質性が大きいとはいえない場合 ………………………… 161
  - (3) 対外的なアナウンスの要否 ………………………………… 162
- 5　報告書はどのようにまとめるか ……………………………… 163

	6 経営トップに対してどのように報告するか ………………………… 164

第4章 ■ 業務・その他

4－1　入札談合　　　　　　　　　　　　　　　　　　　　　166

- 1　どのようなケースが問題となるか ………………………………… 166
- 2　調査は必要か ………………………………………………………… 168
- 3　調査では何を調べるか ……………………………………………… 169
  - (1)　違反行為の概要 ………………………………………………… 170
  - (2)　当社および共同して行った他の事業者で行為に関与した役職員
    の氏名など ……………………………………………………… 170
  - (3)　入札談合行為の対象となった商品または役務 …………………… 170
  - (4)　入札談合行為の実施状況と共同して行為を行った他の事業者と
    の接触の状況 …………………………………………………… 171
  - (5)　その他参考となるべき事項 …………………………………… 171
- 4　調査結果を踏まえてどのように対応するか ……………………… 171
  - (1)　違反事実が認められない場合の対応 ………………………… 171
  - (2)　違反事実が認められる場合の対応 …………………………… 172
- 5　報告書をどのようにまとめるか …………………………………… 173
  - (1)　報告書作成の考え方 …………………………………………… 173
  - (2)　報告書記載項目例 ……………………………………………… 174
- 6　経営トップに対してどのように報告するか ……………………… 175

4－2　下請業者に対する代金減額・返品　　　　　　　　　　　176

- 1　どのようなケースが問題となるか ………………………………… 176
- 2　調査は必要か ………………………………………………………… 177
- 3　調査では何を調べるか ……………………………………………… 177
  - (1)　下請法が適用される取引 ……………………………………… 178

(2)　親事業者の義務と禁止事項 ································· 178
　(3)　下請代金の減額の禁止 ······································ 179
　(4)　返品の禁止 ··· 180
　(5)　具体的な調査事項 ·· 180
4　調査結果を踏まえてどのように対応するか ················· 181
5　報告書をどのようにまとめるか ····························· 183
6　経営トップに対してどのように報告するか ················· 184

4－3　不当表示　　　　　　　　　　　　　　　　　　　185

1　どのようなケースが問題となるか ··························· 185
2　調査は必要か ·· 186
3　調査では何を調べるか ·· 187
　(1)　初動として必要な事実調査 ································ 187
　(2)　措置命令対応のために必要な調査 ························ 188
　(3)　課徴金納付命令対応のために必要な調査 ················ 189
4　調査結果を踏まえてどのように対応するか ················· 190
　(1)　消費者庁による調査が開始されていない場合の対応 ······ 190
　(2)　消費者庁による調査が開始されている場合の対応 ········ 191
　(3)　その他の対応 ··· 192
5　報告書をどのようにまとめるか ····························· 193
6　経営トップに対してどのように報告するか ················· 194

4－4　廃棄物処理法違反　　　　　　　　　　　　　　　195

1　どのようなケースが問題となるか ··························· 195
2　調査は必要か ·· 196
　(1)　委託契約書の作成 ·· 196
　(2)　再委託の禁止 ··· 197
　(3)　不法投棄等に対し排出事業者が負う責任（原状回復義務）······ 197

	(4) 排出事業者に対する措置命令 ………………………………… 198
3	調査では何を調べるか ……………………………………… 199
	(1) 排出事業者である当社として調査すべき事項 ……………… 199
	(2) 委託先廃棄物処理業者に対する調査 ………………………… 199
4	調査結果を踏まえてどのように対応するか ……………… 200
	(1) 是正措置 …………………………………………………………… 200
	(2) 再発防止措置 ……………………………………………………… 200
	(3) 公表の要否の検討 ……………………………………………… 201
5	報告書はどのようにまとめるか …………………………… 201
6	経営トップに対してどのように報告するか ……………… 202

4－5　食品衛生法違反　　203

1	どのようなケースが問題となるか ………………………… 203
2	調査は必要か ………………………………………………… 203
3	調査では何を調べるか ……………………………………… 204
	(1) 自社における調査事項 ………………………………………… 204
	(2) 調査方法 ………………………………………………………… 205
4	調査結果を踏まえてどのように対応するか ……………… 205
	(1) 情報の公表 ……………………………………………………… 205
	(2) 取引先への情報開示と協力の要請 …………………………… 206
	(3) 損害賠償への対応 ……………………………………………… 206
	(4) 保健所等の行う調査・監査、警察等の行う捜査への協力 ……… 206
	(5) 再発防止策の策定 ……………………………………………… 207
5	報告書はどのようにまとめるか …………………………… 207
6	経営トップに対してどのように報告するか ……………… 208

4－6　役職員による反社会的勢力との交際　　209

1	どのようなケースが問題となるか ………………………… 209

2	調査は必要か	210
3	調査では何を調べるか	211
4	調査結果を踏まえてどのように対応するか	212
	(1) 疑いにとどまる場合と、事実と認められる場合	212
	(2) 是正策のポイント	213
	(3) 再発防止策のポイント	214
5	報告書はどのようにまとめるか	215
6	経営トップに対してどのように報告するか	216

4－7 取引先が反社会的勢力であるという疑いが生じた場合　217

1	どのようなケースが問題となるか	217
2	調査は必要か	218
	(1) 関連会社の反社会的勢力属性	218
	(2) 関連会社を紹介した既存取引先（清掃業者）の反社会的勢力属性	219
	(3) 当社側関係者が関与していなかったか	219
3	調査では何を調べるか	219
	(1) 反社会的勢力属性に関する事実	219
	(2) 解除事由に関連する事実	220
	(3) 継続的取引の経緯に関する事実	221
4	調査結果を踏まえてどのように対応するか	221
	(1) 疑いにとどまる場合と、事実と認められる場合	221
	(2) 是正策・再発防止策のポイント	221
5	報告書はどのようにまとめるか	222
6	経営トップに対してどのように報告するか	224

参考文献	225
編著略歴	228
第三者委員会関与事案一覧	233

第1章

ヒ　ト

1-1 不適切なSNS利用

当社では、営業担当に会社のTwitterアカウントを作成させ、情報発信させていたところ、社員が商品材料の段ボールに寝転んでいる写真をアップしたため、Twitterが炎上した。

1 どのようなケースが問題となるか

　Facebook、Twitter等のSNS（ソーシャル・ネットワーク・サービス）が社会に浸透するにつれて、個人のみならず会社もSNSのアカウント（以下「企業アカウント」という）を作成し、情報発信することが一般的に行われるようになった。会社は、企業アカウントを用いて情報発信することにより、より安価で手軽に会社の宣伝、商品・サービスの広告を行うことが可能になったが、他方で、企業アカウントによる不適切な言動や画像の投稿が行われ、企業の社会的評判・信用を低下させるケースも発生している。

　たとえば、①楽天トラベルのTwitter公式アカウントが、特定の個人に対し「ぶさいく」と投稿して炎上したケース、②TSUTAYAのTwitter公式アカウントが、「テレビは地震ばっかりでつまらない、そんなあなた、ご来店お待ちしています！」と投稿して炎上したケース、③ディズニーのTwitter公式アカウントが、長崎に原爆が投下された8月9日に、「なんでもない日おめでとう。」と投稿して炎上したケースなど、さまざまな会社で、企業アカウントの不適切な運営が世間の批判を招いている。また、企業アカウントではなく従業員個人の投稿が問題になったものとして、④吉野家の従業員が豚丼の具を大盛りにし「テラ豚丼」を作成する様子を動画投稿サイトに投稿

して炎上したケース、⑤ローソンの従業員がアイスクリーム用冷蔵庫のなかに寝そべっている写真をFacebookに投稿して炎上したケースなどがある。

2 調査は必要か

(1) 調査の必要性

　このケースでは、Twitterの投稿内容を削除したり、企業アカウント自体を削除すれば問題が解決するというわけではない。SNSでなされた投稿は、瞬く間にインターネット上に拡散されてしまうため、Twitterの投稿内容を削除したり、企業アカウント自体を削除することは問題の解決にはつながらない。むしろ、(投稿内容を削除するならまだしも)対外的に何の説明もないままで企業アカウントを削除すると、かえって当社の社会的評判・信用を低下させることになるので、避けるべきであろう。

　また、企業アカウントにより不適切な言動や画像の投稿が行われるケースでは、企業の社会的評判・信用が低下するだけでなく、投稿内容によっては名誉毀損による損害賠償等の法的責任も追及される可能性がある。また、取引先から取引を解消される可能性もある。

　そのため、当社としては、迅速に事実関係の調査を行ったうえで、対外的に説明を行う必要がある。

(2) 損害賠償リスク

　このケースでは、当社が第三者から損害賠償請求されることは想定しがたいが、仮に特定の個人に対する名誉毀損的な表現や、顧客等の個人情報を投稿してしまったケースでは、被害者から不法行為(民法709条)に基づく損害賠償請求等がなされる可能性もある。これらのケースで、企業が被害者へ謝

罪することを検討するのであれば、その前提として正確な事実関係を把握することが不可欠である。また、第三者からの損害賠償請求の成否を検討するためにも、事実関係等（たとえば、第三者が企業アカウントを乗っ取った可能性はないか、第三者が企業アカウントになりすまして投稿をした可能性はないか等）の調査を行う必要がある。

3 調査では何を調べるか

(1) 投稿内容の保全等

　当社としては、まず問題となっている投稿内容が表示されたWEBページをコピーして保全する必要がある。Twitterで炎上していることに気づいた社員が、企業アカウントにログインして投稿を削除することもありうるからである。

　投稿内容を保全することは、社員に対するヒアリングを実施する際に客観的資料に基づいた質問をするのに役立つ。また、このケースでは、今後従業員に対して懲戒処分を科したり、場合によっては損害賠償請求を行う可能性もあるので、その際の根拠資料・証拠を確保するという観点からも投稿内容の保全は重要である。

　なお、社員の不適切な写真をアップし続けることは、会社の社会的評判・信用をいっそう低下させることになりかねないため、投稿内容を保全した後は、すみやかに投稿内容を削除すべきである。

(2) 事実関係の確認

　次に、保全した投稿内容をもとに、写真に写っている社員に対してヒアリングを行う。ヒアリングでは、①写真を撮影した時期や場所、②写真を撮影

するに至った理由や経緯等の事実関係を詳細に確認することになるが、このほかに、写真を撮影した場所に別の社員もいたのか、別の社員が写真を撮影したのかなど、このケースの関与者を特定することも必要である。加えて、最終的に社員に対する社内処分の内容を検討する際には、過去に社員が同種の写真を撮影したり、同様の行為をしているか否かも重要になるため、まずは他の社員にヒアリングを行い、事実の有無を調査する必要がある。

また、写真撮影に関する事実関係とともに、投稿者の特定（写真に写っている社員が自ら投稿したのか、別の社員が投稿したのか）、投稿した理由・経緯等の事実関係についてもヒアリング等で同時並行的に調査を行うことになる。

なお、企業アカウントを作成している企業では、企業アカウントの運営担当者、投稿内容・表現方法、投稿内容に対する上長の承認等に関する社内ルールを策定している場合がある。仮に当社で、企業アカウントに関する社内ルールを策定しているのであれば、だれが・いかなる規定に違反したのか、調査した事実関係に照らして確認することになる。

4 調査結果を踏まえてどのように対応するか

以上の調査結果を踏まえて、当社としては、①事実関係の対外的報告、原因分析や再発防止策の策定・公表、②関与者に対する懲戒処分、③関与者に対する損害賠償請求等を検討することになる。

(1) 事実関係の対外的報告、原因分析や再発防止策の策定・公表

ア 対外的な公表内容・公表方法

このケースでは、Twitterが炎上している状況を鎮静化するため、可能な

限り早期に、調査した事実関係や会社としての反省、再発防止の姿勢を対外的に公表する必要がある。なお、インターネットによる情報拡散のスピードからすれば、時間をかけて詳細な再発防止策を策定したうえ、それを公表するというプロセスをとることは不適切であり、まずは社員の教育指導等の抽象的な内容でもよいので早期に公表することを優先すべきである。最終的には、詳細な原因分析と再発防止策を策定することも検討されるべきであるが、その際に、あらためて原因分析と再発防止策を公表するか否かは、当該時点での炎上の鎮静化の状況等を踏まえて慎重に判断すべきである。

公表の方法としては、情報の拡散を期待して、炎上しているTwitterの企業アカウントに投稿することが考えられる。しかし、Twitterには字数制限があるため、公表する情報量に応じて、会社のホームページを併用すべきであろう。

イ　再発防止策の策定

当社にSNSの利用（企業アカウントの利用のみならず、個人アカウントの利用も含む）に関する社内ルールが存在しない場合には、まず、企業アカウントや個人アカウントで情報発信する際の社内ルールを策定し、従業員に対して周知徹底すべきである。また、社内ルールが存在していた場合には、なぜこのケースで機能しなかったのか原因分析を行い、必要に応じて社内ルールを見直すべきである。

また、SNSの不適切な利用によって、いかに企業の信用が毀損され損害が生じうるのか、他社の炎上事例を題材にするなどして従業員に指導・教育を行うべきである。

(2)　社員に対する懲戒処分

事実関係の調査結果から明らかになった関与者の行為態様、悪質性、過去の同種のケースの有無等を踏まえて、懲戒処分を行うことを検討すべきであ

る。

　このケースでは、社員が過去にも複数回問題行動を繰り返しているという事情があれば別だが、基本的には懲戒解雇を行うのはむずかしく、一定期間の出勤停止や減給処分とするのが妥当ではないかと思われる。

　なお、懲戒処分は、就業規則に規定されている懲戒事由に該当しなければ行うことはできないが、通常の会社であれば、就業規則で「社内の秩序や風紀を乱したとき」「会社に損害を与えたとき」を懲戒事由として規定しているものと思われるため、企業アカウントの運用に関する特別の定めがなくとも、懲戒処分を行うことは可能であろう。

　また、他の従業員による同種の行為を抑止するため、社員に対して懲戒処分を行った際には、会社内のイントラネット等に掲示して周知することも必要である。

(3)　損害賠償請求

　このケースでは、当社の社会的評価・信用が低下していることは明らかであるが、仮に当社が、社員が寝転んでいた段ボール内に入っていた商品材料を廃棄する等の対応をしていれば、財産上の損害も被っていることになる。そこで、当社としては、労働契約の債務不履行（民法415条）等を根拠に、当社に生じた損害を賠償するよう社員に求めることも検討されるべきである。

　もっとも、判例は、使用者と労働者の損害の公平な分担という観点から、事業の性格、規模、施設の状況、被用者の業務の内容、労働条件、勤務態度、加害行為の態様、加害行為の予防もしくは損失の分散についての使用者の配慮の程度その他諸般の事情を考慮して、労働者の損害賠償責任を制限することが多いことから、当社が社員に損害賠償請求をしたとしても、常に認められるわけではないことには留意する必要がある。

5 報告書はどのようにまとめるか

このケースで、報告書を作成するとすれば、以下のような項目立てとすることが考えられる。

第1　概要
第2　発覚の経緯
第3　調査結果
　1　調査の結果認定した事実
　2　社員に対するヒアリング結果
第4　今後の対応方針
　1　社員に対する処分（案）
　2　原因分析
　3　再発防止策
　4　対外的な説明の要否

---

6 経営トップに対してどのように報告するか

　基本的には、報告書の内容に従って報告すればよい。ただし、SNSの不適切な利用によって生じる会社への影響を踏まえると、SNSの利用の問題は、社員各自が意識を改めれば足りるものではなく、全社的に取り組むべきものであるから、当社が、一部の会社が公表しているソーシャルメディアポリシーやガイドライン等を策定していない場合には、経営トップに、それらの策定を検討するよう促すこともありうるものと思われる。

（鈴木）

1-2　Facebookでの不適切な投稿

> 当社で開設しているFacebookのコメント欄に、あるアカウントから、「社内不倫をしている役員がいる」という投稿があった。このアカウントは、投稿をするためだけにつくられたようなアカウントであり、Facebook上から投稿者を特定することは不可能であった。

1　どのようなケースが問題となるか

　FacebookなどのSNSは、会社の商品やサービスなどをタイムリーに顧客に発信することができるツールであり、会社の広報戦略にとって重要なツールの1つである。これらのSNSは双方向のやりとりができるため、顧客のニーズや反応を得ることのできるツールでもある。もっとも、このような双方向性を有するが、何者かがFacebook上に会社の信用を毀損するようなコメントを投稿することも容易である。

　このケースでは、Facebook上に会社の役員が不倫をしている旨の書き込みがあり、何かしら会社の評価を下げてしまう可能性がある。ほかにも、会社役員が不正行為を行っている、会社従業員の態度が悪かったなどの書き込みがなされることにより、会社の評価を下げられてしまう可能性があるであろう。

2　調査は必要か

(1)　初動対応をどうするべきか

　会社が開設しているFacebookなどのSNSに不適切な発言・コメントが投稿されると、それが拡散してしまう可能性が高い。そこで、なるべく早くなんらかの措置を講じて拡散を最小限度に抑える必要がある。Facebookでは、たとえば以下のような対応を講じることが考えられる。

ア　コメントを非表示にする

　コメントを非表示にして、一部のアカウントから閲覧できない状態にすることである。この場合、コメントをしたアカウントと、そのアカウントの友達にはコメントが表示されるが、他方で、それ以外のアカウントにはコメントが表示されないこととなる。この方法であれば、コメントを投稿した本人に気づかれることなく、他の第三者からはコメントがみえないようにすることができる。

イ　コメントを削除する

　コメントそのものを削除する方法である。この場合、コメントしたアカウントやその友達がみた場合にも表示されなくなっているため、コメントした本人に気づかれる可能性が高くなる。

ウ　ブロックする

　特定のアカウントについてブロックをすると、このアカウントからは会社のFacebookページをみることはできるが、投稿にコメントは入れられない状態となる。もっとも、ブロックをされたことはこのアカウントに知られて

しまう。

エ　小　括

　コメントの削除やアカウントのブロックの効果は大きい。もっとも、コメントの削除やアカウントのブロックをしたことはこのアカウントにも知られてしまうので、そのことが原因でいっそう攻撃を受ける可能性はある（このアカウントが別のアカウントを作成して同様の行為を再び行ってくる可能性はある）。そのため、ひとまずの対応としてはコメントを非表示にして、このアカウントやその友達以外は閲覧できない状態にすることが無難なことが多いであろう。

　なお、このケースのように、コメントのみを投稿するためだけに作成したアカウントであれば、友達が多い可能性は少ないため、コメントを非表示にすることで実質的に他のアカウントからは閲覧ができない状態にすることは可能であろう。

　仮に別のサイトなどに書き込みが転載されてしまっている場合には、サイトの開設者に連絡をとり、書き込みの削除を求めることが考えられる。しかし、そのような要請をしたこと自体がさらにネット上で書き込みをされてしまう要因となる可能性もあるため、サイトの開設者の属性や書き込みの内容などに応じて対応を検討することになろう。書き込みが外に広まってしまった場合にはもはやコントロールができない状態に陥るため、すみやかな措置を講じるべきである。

(2) 調査は必要か

　このケースでは「社内不倫をしている役員がいる」という投稿が対象になっているが、だれが書き込みをしたのかは不明である。だれが書き込みをしたかによって、会社のとる対応や措置は変わってくるが、会社内部の事柄だと会社の役職員の関与も疑われる。仮に会社の役職員が会社の公式

Facebookでこのようなコメントを投稿した場合には、会社の信用・評価を毀損したものとして、なんらかの懲戒事由や処分事由に該当をすることが考えられる。

また、まったくの第三者が根拠もなく書き込みをしたケースについては、会社の信用や名誉等が毀損されたとして、第三者に対して損害賠償請求をすることも考えられる。

そのため、だれが投稿をしたのかを可能な限り特定して、事後対応をするために、調査をする必要があろう。

3 調査では何を調べるか

(1) 投稿者の特定方法①──発信者情報開示請求

コメントをした投稿者を特定するには、まず、Facebook（正確にはアイルランド法人であるFacebook Ireland Limited）に対して、アカウントへのログインやログアウト情報の開示を求めたうえで、投稿者のインターネットプロバイダーを特定し、そのうえで、プロバイダ責任制限法4条に基づき、インターネットプロバイダーに対して投稿者の発信者情報（氏名、住所、メールアドレス等）の開示を求める訴訟を提起することが考えられる。しかし、発信者情報の開示請求が認められるためには「侵害情報の流通によって当該開示の請求をする者の権利が侵害されたことが明らかであるとき」等の要件を満たす必要があるので、コメントの投稿によって名誉毀損がなされたかどうかなどを十分に検討する必要がある。

なお、発信者情報開示請求をする場合には、専門家の関与が必要な場合が多い。

(2) 投稿者の特定方法②——ヒアリング

　もし、投稿者にある程度の目星がつく場合には、そのような人物を中心にヒアリングを実施して、Facebookを含む各種SNSの利用状況や本投稿を投稿したか否かを確認することになろう。

(3) 投稿者の特定方法③——社内アンケート

　次に、投稿者本人に自己申告を促し、また、投稿者に関する何かしらの手がかりを見つけるために、社内全体に対し、以下のようなアンケートを実施することも考えられる。

役員・従業員各位

Facebookへの書き込みに関する調査票

　去る平成〇年〇月〇日〇時〇分、当社公式Facebook上に「社内不倫をしている役員がいる」というコメントの投稿（以下「本投稿」といいます）がありました。当社公式Facebookは当社の商品やサービスをお客様に紹介するための重要なツールです。このような重要なFacebookに本投稿がされたことによって、当社の評価・評判が毀損されるおそれがあります。当社としてはこの事実を重く受け止め、本投稿を行った人物に対する指導を徹底するために、本調査票による調査を行うこととといたします。
　なお、本調査票による調査では特定できなかった場合には、当社としては、インターネットプロバイダーに対して発信者情報の開示を求め、本投稿をした人物を特定することも検討しています。

>   記
>
> 1　あなたは本投稿を行いましたか。
>   はい　　　いいえ
>
> 2　あなたは本投稿を行った人物を知っていますか。知っている場合に
>   は、その氏名を教えてください。
>   はい（　　　　）　　　いいえ
>
> 次の事項を確認し、了承をされた場合には、チェックを付して、総務課
> 宛てに、封筒に封印をして、未開封のまま提出してください。
>
> □　本調査票に虚偽の回答をした場合には、株式会社○より処分等を受
> 　　けることがある旨を理解したうえで、本調査票を提出いたします。
>
> 　　　　年　　月　　日
>
> 　　　　　　　　　　　　　　　　　（氏　　名）

　もっとも、このケースでは直截的にアンケートをとったとしても、それに対して投稿者が自ら名乗り出てくる可能性は高くはない。そこで、たとえば、一定期間に自己申告をした場合には自己申告を斟酌したうえで、懲戒処分の内容を減免する旨を明記し、自己申告がしやすい環境を整えることが有効な場合もあろうと考えられる。
　その場合には、たとえば、最後のチェックボックスに、次のような項目を設けることが考えられる。

> □　平成○年○月○日までの間に、本調査票で、自己が本投稿をした旨

を自己申告した場合には、懲戒処分が減免されることを理解したうえで、本調査票を提出いたします。

(4) 投稿者を特定することができた場合

　このケースでの投稿のように、会社の社会的評価を落とすような投稿をした者には、名誉毀損罪が成立しうる（刑法230条）。もっとも、投稿内容が公共の利害に関する事実に係るものであって（公共性）、投稿の目的がもっぱら公益目的であり（公益性）、かつ真実性の立証があった場合（真実性）には、例外的に名誉毀損罪が成立しない（刑法230条の２）。
　そのため、投稿者を特定することができた場合、いかなる根拠をもって投稿をしたのか、またいかなる目的をもって投稿をしたのかについても、調査をする必要がある（ただし、このケースでの投稿には、公共性や公益性が認められる可能性は低い）。

4　調査結果を踏まえてどのように対応するか

(1) 是正措置

　投稿者を特定することができた場合には、投稿者に対し、書面で厳重注意を行うことが考えられる。
　また、懲戒処分を行うためには、就業規則等の定める懲戒事由に該当していることが必要であり、仮に懲戒事由に該当していたとしても、「当該行為の性質・態様その他の事情に照らして社会通念上相当なものと認められない場合」には懲戒処分は無効となるため（労働契約法15条）、注意が必要である。注意や指導を経ないまま重い懲戒処分を行うことは相当性を欠くと判断

される可能性が高いであろう。

(2) 再発防止措置

　SNSは気軽に情報発信ができるという利便性がある一方で、一度投稿されてしまうとコントロールが困難で、影響力が大きいという特徴を有するので、会社の評価・評判を毀損するような内容の投稿をしないよう、SNS全般の利用方法や注意点等について、社内ルールとして整備をすることが望ましい。なお、このような社内ルールが存在していたにもかかわらず発生した場合には、社内ルールが機能しなかった原因分析をしたうえで、必要に応じて社内ルールそれ自体の改定も検討するべきである。
　ルールを整備したうえで、従業員に対し、SNSの不適切な利用によって、いかに会社の信用が毀損されて損害が生じうるのか指導・教育を行うべきである。
　また、投稿者が特定できた場合において、故意に虚偽の投稿を行って名誉毀損し、その影響も大きいなど悪質な事案では、損害賠償や刑事告訴も検討されるべきである。

5　報告書はどのようにまとめるか

　調査結果を報告書にまとめる場合の調査報告書の項目立ての例をあげると、以下のとおりである。

第1　発覚の経緯
第2　書き込みをした人物の特定
　1　発信者情報開示請求の結果
　2　社内ヒアリングの結果
　3　社内アンケートの結果

第3　今後の対応方針
　1　原因分析
　2　再発防止策

6　経営トップに対してどのように報告するか

　経営トップに対しては、投稿が社外に与えた影響力の大きさも含めて報告をするべきである。そのうえで、そのような影響力の大きな投稿がなされたことの背景や、会社におけるSNSの利用の是非も含めて、報告をするべきである。

　また、投稿者が会社の役職員であった場合には、SNS等の利用ルールの制定や見直しも含めて検討を促すべきである。

（横瀬）

1-3 ハラスメント（セクハラ）

> 労働局から「貴社の社員から、課長によるセクハラ被害にあっているという相談があった。事実関係を調査して適切に対処するように」との電話連絡を受けた。加害者とされる課長は係員との性交渉を認めたが、合意のうえだと主張し、被害者とされる係員も通常勤務をしているので、課長を処分しなかった。

1　どのようなケースが問題となるか

　社員同士の性交渉が業務とはまったく関係のないところでなされ、真にお互いの合意に基づくものであるならば、使用者として関与する必要はないだろう。
　しかし、課長が係員を無理やり押し倒して性交渉をしたとか、課長が係員に対して職務上の影響力があることを背景にして性交渉を求め、係員が「これに応じなければ職務を遂行するうえでなんらかの不利益を被るかもしれない」と危惧して、不本意ながらやむをえず性交渉に応じたなどといったケースでは、使用者は当事者の個人的な問題として看過せず、職場でのセクシャルハラスメント（以下「セクハラ」という）として然るべき対応をとらなければならない。
　このケースでは性交渉という過激な性的行動だが、より程度の低い性的な行動、たとえば、必要なく身体を触る、ヌードポスターを事務室の壁に貼ることなどといった行動もセクハラとなる。このほか、性的な内容の発言、たとえば、性的な冗談やからかい、個人的な性的体験談を話すこと、性的な経

験を尋ねること、性的な内容の噂を意図的に流すことなどもセクハラとなる。

　セクハラは、これをする側・される側の性別は問わないので、男性上司と女性部下という関係に限らず、女性上司による男性部下へのセクハラ、同性同士の間でもセクハラは生じうる。

　また、セクハラの対象は、正社員に限らず、パートタイマー、契約社員等のいわゆる非正規労働者や派遣社員も含まれる。したがって、派遣社員に関するセクハラ相談が派遣先会社に対してなされた場合でも、派遣先会社はこれに対応しなければならない。

2　調査は必要か

　職場におけるセクハラは、一般的には「相手方の意に反する性的言動」とか、「職場において行われる、労働者の意に反する性的な言動に対する労働者の対応によりその労働者が労働条件について不利益を受けたり、性的な言動により就業環境が害されること」などと説明される。

　会社が、職場でセクハラと疑われる情報を得た場合、すみやかに調査を行い、その結果を踏まえて然るべき措置を講じなければならない。調査を行わなかった場合には、①すみやかに調査を行って再発防止対策を講じていれば防げたはずの新たなセクハラが発生し、会社が被害者に対して支払うべき損害賠償額が増大することになりかねないし、②被害者に対する必要な心身のケアが遅れることに伴う損害増大の懸念もある。加えて、③セクハラ行為者には、就業規則上の懲戒処分を検討しなくてはならないが、その前提として事実関係の調査は必須であるし、④課長を被疑者として、刑法の強制性交罪の捜査が始まったときには、会社はそれまで何を調査したのか警察から問われるだろう。

　調査の必要性を理解するために、会社として知っておいていただきたい責任等を以下(1)～(4)で説明する。

(1) 会社の損害賠償責任

ア 会社の義務──職場環境配慮義務

　会社は、社員を雇う際に、労働契約を締結する。労働契約の内容に基づいて、社員は働き、会社は給料日に賃金を支払う。このように、会社の最も基本的な義務は、賃金を支払う義務であるが、これにとどまらない。

　労働契約に付随して生じる会社の義務の1つに、「職場環境配慮義務」がある。この義務は、社員が働きやすい職場環境を保つよう配慮すべき義務であり、セクハラの防止に関しては、職場における禁止事項を明確にし、これを周知徹底するための啓発活動を行うこと、セクハラの情報を得たときには調査を行い、その結果セクハラの事実が確認されたときには、直ちに加害者と被害者を引き離すための配置転換の要否を検討するなど、適切な措置を講じることなどが会社に要請されている（設問の事例では、会社は、係員との労働契約に基づいて、係員に対して職場環境配慮義務を負っており、係員が職場でセクハラを受けないよう職場環境に配慮しなければならない）。

　男女雇用機会均等法や同法に基づく指針（雇用機会均等法11条2項に基づいて定められた「事業主が職場における性的な言動に起因する問題に関して雇用管理上講ずべき措置についての指針」（平成18年厚生労働省告示第615号））は、セクハラ相談に対する適切な対応（たとえば、その内容や状況に応じて、相談窓口担当者と人事部門とが連携を図ることができる仕組みとすること等）、事実関係の迅速かつ正確な確認を求めており、会社がセクハラの情報を把握した場合には、同法や同指針に沿って事実関係を調査し、その結果セクハラの事実が確認されたならば、必要な措置を講じ、再発防止措置を実施する必要がある（雇用機会均等法や同法に基づく指針は、行政指導の根拠規定であり、直ちに民事上の権利義務となるものではないが、民事上の損害賠償請求における義務違反の判断において、同法や同指針で定める措置義務の履行の有無が相当程度考慮され

ていると思われる）。同指針で定めるセクハラ防止のために事業主が雇用管理上講じるべき措置の概要は、次の9項目である。
① セクハラの内容、セクハラはあってはならない旨の方針の明確化と周知・啓発
② 行為者への厳正な対処方針、内容の規定化と周知・啓発
③ 相談窓口の設置
④ 相談に対する適切な対応
⑤ 事実関係の迅速かつ正確な確認
⑥ 当事者に対する適正な措置の実施
⑦ 再発防止措置の実施
⑧ 当事者等のプライバシー保護のための措置の実施と周知
⑨ 相談、協力等を理由に不利益な取扱いを行ってはならない旨の定めと周知・啓発

イ 職場環境配慮義務に違反した場合、会社に損害賠償義務が発生すること

　会社は職場環境配慮義務を負っており、セクハラを未然に防止するための措置を講じる義務があることに加えて、セクハラ情報を把握した場合には調査を行い、必要な措置を講じる必要がある。
　したがって、会社がセクハラの情報を把握しながら調査をしなかった場合、調査をしなかったこと自体が職場環境配慮義務に反することになる。
　情報を把握した後すみやかに調査したならば防げたかもしれない新たなセクハラ事案が発生した場合、「会社が最初のセクハラ情報を把握した時に調査・改善措置を講じる義務を負っていたのにこれを怠ったから（防げたはずの）新たなセクハラ事案が発生した」として、会社は（最初のセクハラに関する損害賠償義務に加えて）その後に発生したセクハラ事案についても損害賠償責任を負うことになりかねない（過去のセクハラ事案に関する損害賠償義務のみならず、新たなセクハラ事案に関する損害賠償義務も発生し、その結果、賠

償額が増大することになる)。

　なお、被害を受けた社員が、会社に対して、損賠賠償を請求する場合の法的構成は、①職場環境配慮義務違反を理由とした債務不履行構成のほか、②不法行為構成（民法709条）がありうるが、不法行為構成における義務違反に関する判断は、職場環境配慮義務違反の判断とほとんど重なると考えてよいだろう。

　このほかの法的構成としては、③使用者責任（民法715条。使用者（会社）は、被用者（社員）が事業の執行について第三者（被害者）に加えた損害について責任を負う）に基づく損害賠償請求があるが、加害者のセクハラ行為（不法行為）が、会社の事業の執行との関連性があると判断された場合には、よほど例外的な事情（民法715条１項ただし書に該当するような事情。現状では、セクハラ関連の裁判例で同ただし書に該当するとされた事案は見当たらない）がない限り、使用者として賠償義務を免れないだろう。

ウ　類似のケースに関する裁判例

　このケースのように、労働局からセクハラの連絡があったケースに関する広島高裁平成16年９月２日判決は会社は「<u>社内におけるセクシュアル・ハラスメントの事実について公的機関から具体的な指摘を受けた以上、事態を深刻に受け止め、直ちに、被害者が安心して被害を申告できるような窓口を社内に設置し、セクシュアル・ハラスメントを行った者に対しては懲戒処分もあることを告示するなど、セクシュアル・ハラスメントを実際に防止するより強力な措置を講じる必要があったというべきである。……控訴人がもっと早い時期に（遅くとも、公的機関からセクシュアル・ハラスメントの事実を指摘された平成12年９月の時点において直ちに）これらの適切な措置を講じていれば、セクシュアル・ハラスメントは許されないことであるという社内意識が涵養され、上記のような事態にはならなかったであろうことが推認される。</u>そうすると、本件セクシュアル・ハラスメントを、……個人的問題に帰することは相当でなく、<u>控訴人の、良好な職場環境を整備すべき義務違反の不作</u>

為が本件セクシュアル・ハラスメントの一因になったと認められるから、控訴人は被控訴人に対する不法行為責任を負うというべきである。」（下線部と太字は筆者）と判断し、会社に対して、慰謝料と弁護士費用の支払を命じた。

　このケースでは、不法行為責任に基づく損害賠償を認めたが、債務不履行責任を肯定して賠償義務が認められたものとして、女性従業員が男性上司から性的嫌がらせを受けたケースに関する岡山地裁平成14年11月6日判決は、「そもそも、使用者は、被用者に対し、労働契約上の付随義務として信義則上**被用者にとって働きやすい職場環境を保つように配慮すべき義務**を負っており、**セクハラ行為に関しては、使用者はセクハラに関する方針を明確にして、それを従業員に対して周知・啓発したり、セクハラ行為を未然に防止するための相談体制を整備したり、セクハラ行為が発生した場合には迅速な事後対応をするなど、当該使用者の実情に応じて具体的な対応をすべき義務がある**と解すべきであって、被告会社も原告に対し同様の義務を負う」（下線部と太字は筆者）としたうえで、会社はこの義務を尽くしたと認めることができないとして、債務不履行に基づく損害賠償を命じた。

エ　賠償額の高額化

　被害者が会社に対して損害賠償請求する場合、損害の費目は、慰謝料や弁護士費用のみならず、治療費等も加算した結果、賠償額が高額化することがある。被害者は通常勤務をしているようにみえても、今後、課長による性交渉を伴ったセクハラを原因とした精神疾患を発症する可能性があるが、発症した場合、会社は、係員から、治療費、休業損害、後遺障害慰謝料、逸失利益等を内容とした高額の損害賠償請求をされるだろう。これとは別に、被害者とされる係員が労働基準監督署に対して労災申請をすれば、労働基準監督署は、労災認定基準（このケースでは、心理的負荷が強い特別な出来事として強制的な性交渉を受けたかどうか）に該当する事実の有無に関する調査を実施することになろうが、会社はあらかじめ独自の調査していなければ、労働基準監督署から調査を受けた時に回答に窮することになる。

このような賠償の高額化リスクや労働基準監督署の調査等に対する備えの観点からも、会社としては、セクハラの情報を把握したならば、事実調査を行っておく必要がある。然るべき調査と措置を講じていれば、被害者とされる者から請求を受けた場合でも、少なくとも、セクハラの情報を把握した後は、すみやかに調査を行い、必要な措置を講じて被害の拡大は防いだとの説明が可能となる。

(2) 性交渉が合意に基づかないものであった場合、被害は甚大であり、すみやかに措置を講じる必要があること

　このケースでは被害者とされる係員が通常勤務しており、業務に支障が出ていないが、だからといって、係員に損害が生じていないと即断することはできない。一見すると係員には何の変化がなく、精神障害を発症していなかったとしても、精神的苦痛は目にみえないものであり、合意に基づかない性交渉をさせられていた場合には、その苦痛は相当大きいはずである。セクハラは、ケースによっては、強制わいせつ罪、強制性交罪等の刑法上の犯罪が成立する行為であり、被害者に対する人格権侵害の程度は甚だしい。

　会社としてセクハラの情報を得たならば、すみやかに調査を行って個別具体的な事例の事実関係を把握し、セクハラの事実を確認した場合には、直ちに被害者と加害者を引き離すための配置転換や、加害者に自宅待機等の措置を講じるなどして、被害の拡大を防止し、再発防止に向けた措置を講じることが重要となる。なお、被害者と加害者が近接して勤務し続ける状況下では適切な調査実施が困難で、調査結果になんらかの影響を及ぼしかねない等の事情があれば、調査段階から配置転換や自宅待機等の措置を講じることも検討しなければならない。

(3) 加害者の懲戒処分を検討する必要があること

　就業規則に、セクハラを行ってはならないとの規定を置き、セクハラを行った場合には懲戒処分を行うことを定めている会社は多い。このケースでも就業規則に基づいて課長の懲戒処分を検討しなければならないが、そのためには懲戒処分の前提事実たるセクハラの有無に関する事実調査は不可欠である。

(4) 会社に刑事事件の捜査が及ぶ可能性があること

　合意に基づかない性交渉は、刑法上の強制性交罪に該当する可能性があり、仮に、刑事事件として捜査が開始された場合、性交渉の現場が会社内部であればその場所の実況見分がなされるであろう。現場が社外であったとしても、被疑者と被害者は双方とも同じ会社の社員であることから、社内の人的関係、当事者の業務上の関係性等を明らかにするために捜査機関が社員から聴き取りをする可能性も否定できない。そのような事態になれば、他の社員への影響は大きく、会社がそれまでどのようなセクハラ防止対策を講じてきたのか、セクハラを把握してからどのような対応をしていたのかについて問われかねない。

　捜査が社内に及んだとしても、会社としてセクハラの情報を得てから「すみやかに事実調査を行い、会社として然るべき措置を講じ、再発防止対策もとっていた」といえるだけのことをしておくことが重要である。会社としてこれらをしていたのならば、（従前のセクハラ防止対策の不十分さは別としても）少なくとも情報を得た以降は、会社としてセクハラの発生しない良好な職場環境を整備すべき義務を履行していたといえる。この行うべきことを行っていない場合には、会社としてのセクハラ事案への対応の悪さを問題視される事態になる。

このような観点からも、会社としては情報を把握したのであればすみやかに調査することが必要である。

3 調査では何を調べるか

被害者たる労働者本人から会社に対して、個別具体的なセクハラの相談がなされたケースでは、会社は、被害者本人から被害内容を聴き取り、同人の意向を確認しながら調査を行ったうえで、事実確認ができた場合には、被害者と加害者との引き離しをするための配置転換等の措置、加害者に対する懲戒処分等、再発防止に向けた措置を講じていくこととなる。

しかし、被害者以外の第三者からセクハラの情報が会社に寄せられた場合は、被害者がだれであるかを特定できない場合があり、初動段階で被害者から聴き取り調査を行うことは困難である。仮に、被害者が特定できても、被害者自身が匿名を希望したり、詳細な事実確認のための調査を拒む場合には、個別事案の対応としては限界がある。

このようなケースでも、会社としてセクハラ調査をすべきであるが、どのような手法をとるべきなのか、何をどの程度まで調査すべきなのか、といったことが問題となるので、以下、具体的な調査のあり方を説明する。

(1) 調査主体

すでに社内にセクハラが発生した場合に調査を担当する体制が整備されているのならばその制度に基づいて調査を行う。相談窓口の担当者、人事部門や専門の委員会等が調査を行うことが想定される。調査体制が整備されていないのであれば、すみやかに体制を整備し、調査を行う。

なお、社内での調査が困難な場合等においては、中立的な立場にある第三者による委員会を招集して調査を行わせる方法もある。

(2) 調査手順

ア　原則的には被害を受けているとする相談者からヒアリングをすること

　被害者から会社にセクハラの相談がなされているケースであれば、まずは被害者からセクハラ事実に関するヒアリングを行い、次に、そのヒアリング内容を裏付ける客観的証拠を確認したうえで、最後に加害者とされる者にヒアリング調査を行う。加害者のヒアリング前に客観的証拠を押さえておくことで、加害者がこれに沿わない弁解をしたときに、これと矛盾する客観的証拠の存在を指摘し、不合理な弁解を許さない調査が実施できる。

イ　課長からヒアリングすることはやむをえないこと

　このケースでは、当事者として課長しか特定されていないので、加害者とされている者ではあるものの課長からヒアリングを始める手法をとることはやむをえない。一般的には課長が性交渉の事実自体を語らないことも想定されるが、このケースでは、性交渉をもったことや相手は係員であることを自認したものの、それが合意であったとの弁明がなされている。真に合意に基づく性交渉であったならば、セクハラには該当しないので、次に、性交渉の相手方とされる係員の合意の有無を確認する必要がある。

ウ　係員へのヒアリングは了解を得られた範囲で行うこと

　係員のヒアリングでは、ヒアリング実施前は課長の性交渉の相手であるのか否か、相手であったとしても被害者といえる者であるのか否かは確定していないことを念頭に、①会社が調査に至った事情を丁寧に説明し、②調査に関する意向を確認のうえ、③了解を得られた場合にのみ了解の得られた範囲でヒアリングを実施すべきである。

係員から了解が得られた場合には、淡々と事実の聴取りをし（調査担当者の意見等は述べない）、性交渉に至った経緯、性交渉当時の合意の有無等について確認をする。ヒアリングした事実関係を裏付ける証拠（メール、手紙、写真、日記等）の有無を確認し、証拠がある場合にはその提供を求める。

　なお、係員に、性交渉に関する合意の有無を確認する際には、（現在の意思ではなく）性交渉当時の意思を確認することが重要である。性交渉当時は恋愛関係にあって合意のうえで性交渉をしたが、その後2人の関係が破綻して、「いまとなっては不本意な性交渉だった」と係員が思っていることもありうるが、このようなケースでは、性交渉がセクハラであったとはいえない。あくまでも性交渉当時の合意の有無を確認することに注意する必要がある。

(3)　調査における留意事項

ア　情報を得てから早めに調査に着手すること

　セクハラに関する情報が入ってから、なるべく時間をかけずに所要の調査を実施すべきである。セクハラが事実であった場合、時間の経過により、被害を拡大することが懸念されるからである。

イ　プライバシーに配慮すること

　セクハラは、プライバシーに関する事柄であるため、被害者のみならず加害者とされる者のプライバシー保護に留意しなければならない。セクハラに関する情報がもれるとプライバシーが守られない可能性があるだけでなく、その後の調査に協力を得られなくなって調査自体が頓挫することもありうるので、調査対象者はなるべく必要最低限の人数に絞るべきである。

ウ　二次被害を発生させないよう言動に細心の注意を払うこと

　調査の過程で調査担当者の言動などによってセクハラ被害をさらに受けることのないように留意しなければならない。特に、被害者とされる者にも問題があったかのような発言は慎むべきである。

エ　被害者の意向を明確にさせること、現在生じている影響を確認すること

　被害者の意向（加害者に対して被害者からのヒアリング結果を明らかにしてよいのか、セクハラの事実が確認された場合に会社としてなんらかの措置を講じることを希望するのか、希望する場合にはどういった措置を希望するのか等）の確認や、身体やメンタルヘルス上の不調が生じていないかを確認する必要がある。

オ　懲戒事由を念頭に置いた調査をすること

　調査結果いかんでは、加害者の懲戒処分が想定されることから、就業規則上の懲戒事由をあらかじめ確認し、懲戒事由に該当する事実が存するか否かといった観点から調査を行うことが重要である。

　また、後日、会社が加害者を懲戒処分する頃には、会社が期待する協力を被害者から得られなくなっている可能性がある。この場合を想定して、可能であれば、被害者のヒアリング内容は書面化し、供述者である被害者に内容を確認してもらったうえで署名押印をしてもらうほうがよい。加害者についても初動段階で自認していたとしても、懲戒処分後に否認に転じて、懲戒処分の無効を主張して会社を訴える可能性があることから、初動段階における加害者のヒアリング事項も書面化し、供述者たる加害者に内容を確認してもらったうえで署名押印をもらうほうがよい。署名押印のあるヒアリング書面は、後日、懲戒処分の効力について争われた場合には、裁判所の判断を左右するほどの重要な証拠となりうる。

4 調査結果を踏まえてどのように対応するか

(1) セクハラ該当性の判断

　事実関係の調査結果を踏まえて、性交渉がセクハラに当たるのか否かを判断する。端的にいえば、このケースでは、性交渉に関する合意の有無がセクハラに該当するか否かを決するが、係員が明確な拒否をしていなかったとしても、その人的関係性（上司・部下の関係、人事に関する権限の有無、そのほか優越的な関係性の有無）に照らすと、真意に基づく合意をしたものとはいえない場合（性交渉の申出を拒むと、労働条件になんらかの不利益を課される可能性があることから、これを危惧して明確な拒否をできなかったといえる場合）には、セクハラに該当する。

(2) 被害者に対する配慮の措置

　セクハラがあったと判断された場合には、被害者の意向も確認したうえですみやかに被害者に対する配慮の措置（たとえば、被害者と加害者を離すための配置転換、被害者のメンタルヘルスに関する相談対応、被害者の労働条件上の不利益が生じているならばその不利益の回復）を講じる必要がある。

(3) 再発防止措置

　会社としては再発防止措置を講じる必要がある。具体的には、会社のトップが、社員に対し、セクハラは許されないものであり、セクハラ行為者には厳正に対処する方針であることを周知したり、社員の意識啓発のための研修等をあらためて実施すること等が求められる。なお、再発防止措置でもプラ

イバシーの保護等に十分留意する必要がある。

(4) 懲戒処分

　加害者に対する懲戒処分は、就業規則の懲戒に関する規定（懲戒事由、手段（懲戒処分の種類））に基づいて行う。

　就業規則の具体的な内容は、会社によって異なるが、多くの会社では、「性的言動により、他の労働者に不利益や不快感を与えたり、就業環境を害するようなことをしてはならない」などといった規定を置き、これに違反したことを懲戒事由としているので、懲戒事由該当性についてはそれほど問題にはならないだろう。

　むしろ、懲戒処分の種類として何を選択するかが問題となる。多くの会社の就業規則では、「情状に応じて」懲戒処分の種類を決するなどと規定していることから、実際にセクハラが発生したときには、この情状の程度の判断がいちばん悩ましいところである。

　一般論としては、行為の態様、被害の程度、加害者の反省状況等を勘案して懲戒処分の種類を決することになる。身体的接触を伴わない性的な言動のみで直ちに懲戒解雇をすることは重過ぎるが、このケースで係員に性交渉の合意がなかったのであれば、性交渉が身体的接触のなかでも最も過激な態様のものであることを鑑みると、懲戒解雇も選択肢に含めて検討すべきである。検討の際には、係員の被害の程度（心身に異変をきたしていないか等）、性交渉の回数、頻度、期間の長短等の事情も勘案したうえで、課長の性交渉を伴うセクハラは、会社から課長を排除すべき程度まで著しく企業秩序を乱し、非難に値する行為であるといえれば、懲戒解雇を選択することもやむをえないだろう。

5　報告書はどのようにまとめるか

セクハラ調査報告書の項目立ての例をあげると、以下のとおりである。

第1　発覚の経緯
第2　調査結果
　1　調査日時・場所・方法
　2　性交渉に至る経緯、性交渉の場所、時間、状況
　3　性交渉に関する被害者の認識（性交渉当時の同意の有無）
　4　性交渉による影響（被害者の就労状況、メンタルヘルス等）
第3　性交渉の法的評価（セクハラ該当性）
　1　セクハラ該当性（セクハラの定義、あてはめ）
　2　損害賠償リスク
第4　原因分析
第5　今後の対応方針
　1　被害者に対する措置の要否とその内容
　2　加害者に対する処分の要否とその内容
　3　再発防止措置

6　経営トップに対してどのように報告するか

　経営トップにまず理解してもらうべきことは、職場におけるセクハラは加害者の個人的問題のみに帰するものではなく、会社の良好な職場環境を整備すべき義務の不作為がセクハラの一因になっていることが多いということである（広島高裁平成16年9月2日判決でも、この指摘がなされている）。
　少なくとも、指針で定めるセクハラ防止のために事業主が雇用管理上講じ

るべき9項目措置を講じておかなければ、仮に裁判となった場合、良好な職場環境整備義務の不作為があるとして会社の責任が認められることとなる可能性が高い。逆に、指針にある9項目の措置を講じていたならば、使用者として必要な措置は講じていたが防ぎえないケースであったとして、会社の使用者責任を免れられる可能性がある。

　このことをトップに理解してもらい、指針で示されている措置、特に相談に適切に対応するための必要な体制の整備が未了であればこれを早期に整え、被害者に対する配慮の措置、加害者の処分、再発防止策としてトップのセクハラ防止の方針を広く周知することが必要であることを報告すべきである。

（淺野）

1-4 ハラスメント（パワハラ）

(1) 営業担当役員が目標達成できない社員に「どんな手段を使ってでもクリアしろ。クリアできないといまの仕事はできないと思え」などといった。

(2) パソコンスキルの乏しい部長から取締役会に提出する資料の作成を依頼されていた部下が、仕事上のミスを叱責され、その後、その部下から取締役会の日の2日前に3日程度の休みの申請があり、部長が頭を抱えていたところ、別の部下から「部長を困らせるために仮病を使うかもしれない」という発言を聞いたという報告が部長にあった。

1　どのようなケースが問題となるか

　上司が部下に対して教育・指導・注意を与えるのは、会社での正当な業務行為である。しかし、それらが度を逸し、あるいは教育・指導・注意に名を借りた嫌がらせとして行われるなど業務上の目的や必要性を欠く場合は、パワーハラスメント（以下「パワハラ」という）として問題となりうる。

　たとえば、サービスセンター長である上司が、「意欲がない、やる気がないなら、会社を辞めるべきだと思います。当SCにとっても、会社にとっても損失そのものです。あなたの給料で業務職が何人雇えると思いますか」などと記載されたE-mailを部下とその職場の同僚に送信した行為について、パワハラの成否が問題となったケースで、裁判所は叱咤督促する趣旨がうか

がえないわけではなく目的は是認できるとしつつも、部下の「名誉感情をいたずらに毀損するものであることは明らかであり、上記送信目的が正当であったとしても、その表現において許容限度を超え、著しく相当性を欠くものであ」るとして不法行為を認定している（東京高裁平成17年4月20日判決）。

また、近時社会的に話題になったものとして、公益財団法人日本レスリング協会幹部による特定の選手やコーチに対する「よく俺の前でレスリングができるな」との発言などの言動が、同協会の第三者調査委員会でパワハラと認定されたことがある（平成30年4月5日付調査報告書）。

また、上司から部下に対する言動はパワハラの典型であるが、パワハラは、優越的な関係に基づいて（優位性を背景に）行われることに本質があるので、このような関係がある限り、同僚間や部下から上司に対する言動（いわゆる「逆ハラ」）もパワハラになることがある。たとえば、平成30年3月30日に厚生労働省から公表された「職場のパワーハラスメント防止対策についての検討会報告書」（パワハラ防止検討会報告書）では、同僚や部下による行為で、行為を行う者が業務上必要な知識や豊富な経験を有しており、同僚や部下の協力を得なければ業務の円滑な遂行を行うことが困難であるものや、同僚や部下からの集団による行為で、これに抵抗や拒絶することが困難であるものが、パワハラの具体例とされている。

(1)のケースでは営業担当役員の言動が、(2)のケースでは取締役会の2日前に3日程度の休みの申請をした部下の行為が、それぞれパワハラに該当するか否かが問題となる。

2　調査は必要か

(1)　パワハラの定義と考え方

裁判例で確立されたパワハラの定義はないが、パワハラ防止検討会報告書

では以下の①〜③を満たすものが職場におけるパワハラと定義されている。

> ① 優越的な関係に基づいて（優位性を背景に）行われること
> ② 業務の適正な範囲を超えて行われること
> ③ 身体的若しくは精神的な苦痛を与えること、
> 　または就業環境を害すること

　①の「優越的な関係に基づいて（優位性を背景に）行われること」とは、行為を受ける労働者が行為者に対して抵抗や拒絶することができない蓋然性が高い関係に基づいて行われることを意味する。したがって、上司による行為だけでなく、同僚や部下による行為もこのような関係に基づいて行われた場合は、パワハラに該当しうる。
　②の「業務の適正な範囲を超えて行われること」とは、社会通念に照らして、明らかに業務上の必要性がない行為や行為の態様が相当でないものであることを意味する。業務上の必要性に照らして目的が不当であれば②に該当するし、目的が正当であったとしても、その目的を達成する手段や態様が行き過ぎたものであれば、②に該当する。
　③の「身体的若しくは精神的な苦痛を与えること、又は就業環境を害すること」とは、行為を受けた者が身体的・精神的に圧力を加えられ負担と感じることや、行為によって行為を受けた者の職場環境が不快なものとなったため、能力の発揮に重大な悪影響が生じる等、労働者が就業するうえで見過ごすことができない程度の支障が生じることを意味する。「平均的な労働者の感じ方」が判断の基準となる。したがって、ある人が苦痛を感じれば直ちに③に該当するものではなく、一定の客観性を要する。

（2）　パワハラをめぐる法的責任等

　パワハラを行った従業員は、被害者に対し民法上の不法行為責任（民法

709条）を負うことになるが、事は個人間の問題ではすまされない。

　パワハラを行った従業員を使用する会社は、使用者責任を問われる（民法715条）。

　また、会社は、労働契約法5条や労働契約に基づき、従業員に対し安全配慮義務や良好な職場環境を調整・配慮する義務（以下「職場環境調整義務」という）を負い、その義務の履行として、パワハラを含む職場でのハラスメントの予防と事後対応の措置を適切に講じることが法的に求められているものと考えられる。したがって、パワハラに限らずハラスメントの予防や事後対応のあり方によっては、かかる安全配慮義務や職場環境調整義務の不履行として会社自身の不作為を理由とする不法行為責任や債務不履行責任を負う場合がある。

　たとえば、山口地裁下関支部平成16年2月24日判決では、食品会社の営業所勤務の一般事務職（嘱託従業員）に対する上司（ブロック長）によるセクシュアル・ハラスメントが問題となったケースで、公的機関から匿名電話を受けるまで、社内でセクシュアル・ハラスメントの防止に向けた措置を何一つ講じておらず、その後も、社内会議の場を利用して、出席者にパンフレット等を配付し一般的な注意を与えるなど通り一遍の措置をとったにすぎないなどとして、職場環境調整義務の違反を理由とする会社の不作為による不法行為責任が認められている。

　これらの責任が認められた場合、会社は、パワハラを行った従業員とともに、連帯して、被害者が被った損害を賠償する法的義務を負うことになる。

　損害賠償の範囲は、パワハラにより被った傷病に係る治療費、通院交通費等の実費だけでなく、精神的損害（いわゆる慰謝料）や逸失利益、さらには、紛争解決に要する費用（弁護士費用を含む）に及ぶ可能性がある。

　また、民事上の責任にとどまらず、刑事責任（強要罪等）に問われる場合もありうる。

　こうした法的責任論のほか、パワハラによる職場の雰囲気や生産性の悪化、人材の流出、レピュテーションの低下なども懸念される。

今日パワハラの予防と事後対応の措置を適切に講じることは、会社の重要な経営課題の1つと位置づけるべきで、その疑義を把握した場合には調査が求められる。

(3) ケースへの当てはめ

(1)のケースの言動は、営業担当役員が目標達成できない社員に対して、およそ手段を問わず、しかも従前の仕事を与えないというペナルティをほのめかしたうえで目標達成をあらためて命じるものであり、パワハラを疑うに十分な特徴を備えている。

(2)のケースの言動は、伝聞情報ではあるが、別な部下から「部長を困らせるために仮病を使うかもしれない」という発言を聞いたという報告がある以上は、部下から上司である部長に対するパワハラ（逆ハラ）を疑うに十分な特徴を備えている。

したがって、いずれのケースでも、会社としては直ちに調査を開始するべきである。

3 調査では何を調べるか

(1) 調査項目

パワハラの該当性を基礎づける事実の有無を調査することになるので、調査の前提として、パワハラの定義と考え方をまず理解する必要がある。

そのうえで、前述のパワハラの3つの要素を念頭に置いてそれらを基礎づける事実の有無を確認していくことになる。具体的には次のとおりである。

優位性（①の要素）は、行為者と被行為者の職位、役職、入社年次等の業務上の関係性のほか、関連資格や学位の有無や内容、前職でのキャリア等の

業務遂行能力にかかわる事項、さらにはトラブルの背景事情など優越的な関係や優位性を基礎づける事情の有無を確認する。これがある場合は、優越的な関係ないし優位性を基礎づける事情と、問題となった行為との間の因果関係の有無を検討する。

　適正な範囲を超えたか（②の要素）は、問題となった言動の目的、目的との関係で言動を選択した理由・意図、言動のあった経緯などを確認する。

　身体的・精神的苦痛を与えたか（③の要素）は、問題となった言動の具体的な態様、回数その他当時の状況のほか、言動によって生じた結果を確認する。あわせて、過去における同種言動の有無等の余件調査も行うべきである。

(2) 調査手法

　当事者からの聴き取りが基本となる。しかし、調査一般に妥当するが、行為者に対するヒアリングは、被行為者に対するヒアリングを含め他の調査（書証その他客観資料の収集を含む）がおおむね完了した段階（いわゆる外堀が埋まった段階）で行うのが適当であることが多い。そのほうがヒアリング事項を特定できるし、その場での矛盾点の追及など効果的なヒアリングが期待できるからである。

　パワハラ疑義の内容に照らして、当事者間の関係にとどまらず、部門ないし全社的に影響を与えるおそれがある場合、部門の所属員全員ないし全従業員に対してヒアリングやアンケート等による調査を行うこともありうる。その際には、調査に正直に回答したこと自体によって人事考課上不利益に取り扱うことはない旨付言するなど、ありのままの回答を促す工夫をすることが考えられる。

(3) ケースへの当てはめ

　営業担当役員の目標達成できない社員に対する言動（(1)のケース）を調査

するには、少なくとも、被行為者と同じ境遇にある営業部門に所属する従業員に対するヒアリングやアンケートを行う。

　部下の部長に対する個別の言動（(2)のケース）を調査するには、同じ部門に所属する従業員全員に対するヒアリングやアンケートによる網羅的な調査までは、必ずしも必要ないものと考えられる。事実認定に必要な他の目撃供述等を得るために、必要に応じて、部下と親しい関係にある部門内外の従業員からヒアリング等を行うことも十分に検討するべきである。

4　調査結果を踏まえてどのように対応するか

　パワハラに該当するかどうかの判断を含む調査結果をもとに、会社として事実認定（判定）を行う。結果は当事者に対しフィードバックする。その際、なぜパワハラに該当したか（該当しないか）の理由まで説明する。理由がないと当事者の納得感は得られないし、パワハラの理解や感度も不十分なままとなり、類似のトラブルが再発する懸念が払拭できないからである。

　パワハラを認定した場合は、遅滞なく社内処分を行うとともに、必要に応じてその概要と処分結果を社内に周知する。ただし、周知する際には、当事者を特定できる情報を削除する、マスキング措置を施す、などの当事者の名誉・プライバシーへの配慮が求められる。

　そのうえで、原因分析と再発防止策を検討する。パワハラに該当するかどうかの結果のいかんにかかわらない。特に留意すべき点として、パワハラに該当しないという事実認定をした場合にその結果をよしとして、原因分析や再発防止を行わず放置するというのが、ありがちな落とし穴である。パワハラの被害申告がある以上、必ずといってよいほど職場環境に影響を与えうるなんらかの原因があるので、その可能性（いわばアラート）を見過ごすことがあってはならない。

　原因分析と再発防止策の結果は、遅滞なく、社内に周知すべきである。

　社外へ公表するかどうかは、生じた結果の重要性、パワハラ行為者の役

職・職位、組織的関与の有無、ガバナンス上の原因ないし構造的原因の有無、社会的影響、再発防止に帰する会社としての決意の程等を勘案して、個別に検討する。もっとも、刑事事件化やそれに準じる重大な結果が生じた場合や報道等で一定程度社会問題と化しているような例外的場合を除いて、そこまでの必要がない場合が多いと思われる。公表する場合は、当事者の名誉・プライバシーへの配慮が求められる。

5 報告書はどのようにまとめるか

営業担当役員の言動（(1)のケース）に関する調査報告書の項目立ての例をあげると、以下のとおりである。なお、(2)のケースでも同様の項目立てになる。

第1　発覚の経緯
第2　営業担当役員の言動
　1　言動の内容
　2　言動が行われた経緯
　3　言動の影響
第3　言動の評価
　1　パワハラの定義
　2　当てはめ
第4　原因分析
第5　今後の対応方針
　1　是正措置
　2　再発防止措置
　3　社内外への公表の要否

6 経営トップに対してどのように報告するか

(1) 営業担当役員の言動（(1)のケース）

　営業担当役員といういわば経営者側にあり、しかも管掌範囲が相当広範な立場にある者による言動が問題となっている。したがって、言動が行われた経緯や原因はもとより、言動が営業担当役員の属人的な理由によるものか、それとも、会社全体のコンプライアンス体制上の問題や企業風土に根差すものかなどの根本原因に着眼した分析結果を経営トップに報告することがポイントと考えられる。とりわけ、営業担当役員の言動は、その文字面だけをみれば、ノルマ至上主義を強いているとも受け止められるものであり、法令遵守の姿勢とは相いれないため、仮にコンプライアンス体制上の問題や企業風土に起因する場合は、全社的かつ抜本的な再発防止策を早急に講じる必要がある。

　あわせて、いま一度パワハラに対するそれまでの予防措置の問題点を洗い出し、その結果とともにその見直しの必要性とパワハラ予防措置を講じることの重要性についても報告するべきである。

(2) 部下の行動（(2)のケース）

　仮に、パワハラが認定できた場合、部下の行動は、叱責されたことに対する腹いせ、すなわち、部長に対する嫌がらせというもっぱら属人的理由に基づくものということができる。

　しかし、部下が上司に対してパワハラを行うというのは、行為に及ぶ経緯や背景に根本原因あるいは問題の本質がある場合が少なくない。得てして上司自身の言動がきっかけである場合も多い。たとえば、同じ言動であって

も、普段のコミュニケーションの程度によって、当事者の受止め方は大きく異なるものである。

　したがって、経営トップに報告する際、部下が言動に至った経緯や背景（部下と部長との間の普段のコミュニケーションの程度や、言動の前にあったとされる仕事上のミスに対する部長の叱責の態様等を広く含む）を詳らかにしたうえで、根本原因に関する分析結果に言及するとともに、それを踏まえた具体的な再発防止策を提言する。

　また、部長の部下に対する過去の叱責の態様の必要性・相当性にまで踏み込んだ報告を行うべきである。叱責がそれ自体パワハラに該当しうるものであったならば、パワハラの該当性の判断や処分の軽重を検討するうえで部下に有利に斟酌するべきであるし、部長のパワハラを別途認定して処分すべき場面も想定される。

（岡本）

1-5 ハラスメント（マタハラ）

> 部下から妊娠したという報告を受けた部長が、「子育てをするためには仕事を減らさないとダメだな。減らすだけではなく会社を辞めてもらわないとダメかな」と発言した。

1　どのようなケースが問題となるか

　このケースのように、部下から妊娠の報告を受けた上司が解雇や仕事を減らすなどの不利益取扱いを示唆することは、典型的なマタニティハラスメント（以下「マタハラ」という）である。解雇といった具体的な不利益をほのめかすものでなくても、「妊娠するなら、会社の業務が忙しい時期は避けるべきだろう」などといって、仕事をするうえで支障をきたすほどの嫌味をいうこともマタハラである。

　このような発言は、「妊娠したこと、出産したこと」といった状態自体に関して嫌がらせをするタイプのマタハラであるが、このほかに、妊娠や出産に伴って「制度や措置を利用すること」に関して嫌がらせをするタイプのマタハラもあり、たとえば、上司が、産前休暇を取得したいという部下に対して、「取得するなら辞めてもらうことになるかもしれない」などということもマタハラである。

　マタハラは、上司と部下の関係のみならず、同僚間でも起こりうる。たとえば、妊娠した社員から「育児休業を取得するつもりである」と聞いた同僚が、「会社が忙しい時期に育児休業を取得するつもりなのか。私は育児休業を取得しなかったし、他の先輩方も取得してこなかった。それでも、あなた

は取得するつもりなのか」などといって、取得を諦めざるをえない状況に追い込んだりすることもマタハラである。

　正社員と呼ばれる正規雇用労働者のみならず、パートタイム労働者、契約労働者等といったいわゆる非正規雇用労働者や派遣労働者に対する発言もマタハラになることがある。

　マタハラが問題となってきた社会背景には、少子高齢化の進展に伴い労働力人口が減少するなかで、女性の就業促進や雇用継続等を図り、国民一人ひとりが活躍できる社会づくりを進めることがわが国の重要な課題として認識されるようになったという事情がある。

　従前から、男女雇用機会均等法や育児介護休業法により、事業主による妊娠、出産、育児休暇の取得を理由とする解雇などの「不利益取扱い」は禁止されていたが、これに加えて、平成29年1月1日からは、改正男女雇用機会均等法と育児介護休業法により、子育てと仕事が両立しやすい就業環境の整備等を行うために、妊娠、出産、育児休業の取得等を理由とする上司、同僚からのハラスメントの防止措置が会社に義務づけられたので留意されたい。

2　調査は必要か

(1)　マタハラの定義

　マタハラの定義を規定した法律はないが、一般的に、職場における妊娠・出産等に関するハラスメントは、「職場において行われる上司・同僚からの言動（妊娠・出産したこと、育児休業等の利用に関する言動）により、妊娠・出産した女性労働者や育児休業等を申出・取得した男女労働者等の就労環境が害されること」とされている。

(2) 男女雇用機会均等法や同法に基づく指針

　平成29年1月1日に施行された男女雇用機会均等法11条の2は、上司・同僚からの妊娠・出産等に関する言動により、妊娠・出産等をした女性労働者の就業環境を害することがないよう防止措置を講じることを使用者に義務づけた。
　そして、同法11条の2第2項に基づき、使用者が適切かつ有効な実施を図るために必要な事項を示した指針（事業主が職場における妊娠、出産等に関する言動に起因する問題に関して雇用管理上講ずべき措置についての指針（平成28年厚生労働省告示第312号））が定められた。
　前記の指針は、事業主がマタハラに関し雇用管理上講ずべき措置の内容の1つとして「マタハラの事後の迅速かつ適切な対応」をあげ、実際にマタハラの相談の申出があった場合には、このケースに係る事実関係を迅速かつ正確に確認すること、すなわち、事実関係の調査をすべきことを定めている。
　この指針は、会社がマタハラに関する相談を受けた場合には、すみやかに事実関係を調査し、その結果、マタハラの事実が確認された場合には被害者の職場環境の改善や制度利用に向けた環境整備を行うなどの適切な措置を講じる必要があることを示している（指針は行政指導の根拠であり、直ちに民法上の権利義務となるものではないが、損害賠償請求での義務違反の判断では、指針で定める措置義務の履行の有無が相当程度考慮されると考えられる）。

(3) 損害賠償請求リスク（不法行為責任、債務不履行責任）

　男女雇用機会均等法9条3項に関する不利益取扱い（妊娠中の原告が軽易な業務への転換を希望したので病院リハビリ科に異動するに際し、副主任を免じる措置を講じたことが問題となったケース）に関する判断ではあるが、広島高裁平成27年11月17日判決は、副主任を免じた措置は使用者として「女性労働

者の母性を尊重し職業生活の充実の確保を果たすべき義務に違反した過失（不法行為）、労働法上の配慮義務違反（債務不履行）があるというべきであり、その重大さも不法行為又は債務不履行として民法上の損害賠償責任を負わせるに十分な程度に達していると判断できる」として、会社に損害賠償を命じた。

　同法11条の2に関するマタハラ事案に関して、福岡地裁小倉支部平成28年4月19日判決は、上司が妊婦である部下に対し、「妊婦として扱うつもりないんですよ」「万が一何かあっても自分は働きますちゅう覚悟があるのか、最悪ね。だって働くちゅう以上、そのリスクが伴うんやけえ」などと発言したことについて、「具体的な指導の中で、労働者が妊娠を理由として業務の軽減を申し出ることが許されない（「妊婦として扱うつもりないんですよ。」）とか、流産をしても構わないという覚悟をもって働くべき（「万が一何かあっても自分は働きますちゅう覚悟があるのか、最悪ね。だって働くちゅう以上、そのリスクが伴うんやけえ」）と受け止められる発言をするなど、必ずしも肯定的ではない原告に対する評価を前提としても、やや感情的な態度と相まって、妊娠をした者（原告）に対する業務軽減の内容を定めようとする機会で、業務態度等における問題点を指摘し、これを改める意識があるかを強く問う姿勢に終始しており、受け手（原告）に対し、妊娠していることを理由にすることなく、従前以上に勤務に精励するよう求めているとの印象、ひいては、妊娠していることについての業務軽減等の要望をすることは許されないとの認識を与えかねないもので、相当性を欠き、また、速やかに原告のできる業務とできない業務を区分して、その業務の軽減を図るとの目的からしても、配慮不足の点を否定することはできず、全体として社会通念上許容される範囲を超えているものであって、使用者側の立場にある者として妊産婦労働者（原告）の人格権を害するものといわざるを得ない」と判断し、すみやかに業務軽減措置を講じていないことについて「原告に対して負う職場環境を整え、妊婦であった原告の健康に配慮する義務に違反したものといえる」と判断し、前記発言をした従業員の使用者として、会社に対し使用者責任（不法

行為）と、債務不履行責任に基づく損害賠償を命じた。

　したがって、会社は、不法行為責任や債務不履行責任の法的リスクの観点から、マタハラに関する相談があった場合には、すみやかに調査を行い、調査の結果、マタハラの事実が確認された場合にはすみやかに制度上認められる範囲内で本人が希望する措置を講じて、賠償の範囲を拡大させないことが重要である。調査をしないで事案を放置しておくことは、損害を拡大させることになりかねない。

(4) すみやかに調査を行い、マタハラに該当するかを確認することは紛争予防等の観点からも重要であること

　現実には、このケースのような典型的なマタハラ発言ばかりではない。上司が、妊娠した部下の身体を心配して発言したつもりが、趣旨が伝わらず、部下からマタハラではないかと指摘されるケースもあるだろう。

　マタハラか否か判断に迷うときは、「業務上の必要性に基づく言動かどうか」「一方的な通告になっていないか」といった視点で調査・検討されたい。たとえば、このケースで部長が妊娠した部下に対し、純粋に妊婦に対する配慮から「産前休業はいつから取得する予定だろうか。休業期間に業務を担当する職員に引き継ぎをする必要もあるし、現状の業務量では身体への負荷が大きいと思われることから、少しずつ業務量を減らしていくことを検討したいと思うがどうだろうか」と提案するにとどめていた場合は、業務上の必要性に基づく言動であり、一方的に業務量を減らすとの通告ではないことから、マタハラとは評価されないだろう。

　しかし、仮に、部下が産前休業を取得する意向がなく、出産直前まで就労することを予定していた場合には、「産前休業を取得するか否かを決めるのも、取得するタイミングを決めるのも私自身であるのに、上司がこんなことを聞いてくるなんてマタハラだ」と感じて、会社に相談するかもしれない。

　（結論的には、発言は問題なし、とされたとしても）紛争化しかねないこのよ

うなケースでも、会社が相談を受けてからすみやかに事実関係を調査し、上司の具体的な言動や意図を把握しておけば、上司の意図を部下に説明し、誤解が解けることにつながる。万一、部下が納得せず、後日、マタハラ訴訟を起こしたとしても、会社がすみやかに調査をしておけば、上司の言動は業務上の必要性に基づく言動であり、部下に休業取得や業務量の減少を強要したものではないことを、客観的に裏付けに基づいて主張することができる。

　紛争予防の観点、紛争化した場合でもその防御の観点からも、会社がマタハラの相談を受けた場合には、すみやかに事実関係の調査することは重要である。

3　調査では何を調べるか

(1)　調査主体

　すでに社内にマタハラ事案が発生した場合に調査を担当する体制が整備されていればその制度に基づいて調査を行う。相談窓口の担当者、人事部門や専門の委員会等が調査を行うことが想定される。調査体制が整備されていないのであれば、すみやかに体制を整備し、調査を行うべきである。

　なお、社内での調査が困難な場合では、中立的な立場にある第三者による委員会を招集して調査を行わせる方策もある。

(2)　調査手順

　このケースでは、社員から会社にマタハラの相談がなされているのであれば、まずは相談した社員からマタハラを受けた時の具体的状況を確認し、あわせてこれを裏付ける証拠も収集するべきである。そのうえで、加害者とされる部長からヒアリングをすべきである。仮に、部長が不合理な説明をした

場合でも、客観的証拠と矛盾するものであれば、直ちにさらなる説明を求めることが可能となるからである。

なお、第三者からのヒアリングは、その必要があるのか否かを慎重に判断し（当事者のみのヒアリングと証拠だけで事実関係が明らかになるのであれば、第三者のヒアリングは必須ではないだろう）、その必要があるとした場合でも、調査情報がもれて社員のプライバシーに影響を及ぼす可能性があることから、対象者の人数は可能な限り少なくしたほうがよい。

ヒアリングにおける主たる確認事項は、次のとおりである。

ア　相談者への確認事項

① いつ、どこで、だれが、だれに対して、何といったのか
② 相談者と加害者とされる者の従前の関係性、現在の関係性
③ 相談者は、マタハラとされる言動を受けて、どのように対応したのか
④ マタハラとされる言動を客観的に裏付けるものはあるか（録音、メール、日記、同席者等）
⑤ 相談者が希望する解決方法（加害者とされる者の処分、配置転換、会社が講じるマタハラ防止措置の具体的内容等）
⑥ 加害者とされる者や他の社員に、相談事実を告げてよいか

イ　加害者とされる者への確認事項

① 相談者が主張するマタハラとされる言動の有無
② 相談者と加害者とされる者の従前の関係性、現在の関係性
③ 発言の意図、なぜその発言をしたのか
④ マタハラと認識していたか否か
⑤ 相談者から反論を受けたか
⑥ （弁明があれば）弁明

ウ　第三者への確認事項（必要があれば第三者をヒアリングする）

①　相談者、加害者とされる者と第三者との関係性
②　相談者がマタハラと主張する言動の有無、言動に至る経過

(3)　調査に伴う留意事項

①　ヒアリングする場合には、調査対象者に対して、守秘義務を課す（ヒアリング内容のみならず、ヒアリングを受けたこと自体も秘匿するよう指示する）
　　相談者や加害者とされる者のプライバシーにかかわる事項が含まれるので、調査対象者には、調査について口外しないよう求める
②　調査の過程で調査担当者の言動などによって相談者がさらなるマタハラ被害を受けたと主張されることのないよう、言動に留意する
　　特に、加害者とされる者をかばっているとの誤解を生むような発言や意見を述べることは控え、淡々と事実を確認するためのヒアリングにとどめる
③　加害者とされる者の懲戒処分を検討すべきケースとなることが想定されるので、就業規則上の懲戒事由をあらかじめ確認し、懲戒事由に該当する事実があるのか否かといった観点から調査を行う
④　相談者が匿名希望である場合は、会社が行う調査にはおのずと限界があり、相談者が希望する措置等を講じることが困難となる可能性があることを説明する
⑤　相談者に対し、必要に応じて時期を逸することなく調査結果、加害者の処分結果、具体的な再発防止措置の内容等を報告する

4　調査結果を踏まえてどのように対応するか

まずは、事実関係を調査し、その結果を踏まえマタハラであるならば、①

相談者に対する配慮の措置、②部長に対する懲戒処分（就業規則の懲戒処分に関する規定の該当性検討）、③再発防止措置、を検討する必要がある。

(1) 相談者と他の社員に対する配慮の措置

まず、相談者が会社に対して、①マタハラに関して希望する措置を確認することに加えて、②妊娠に伴って配慮を求める事項の有無（たとえば、業務内容・業務量の軽減に関する希望の有無等）を確認し、対応の可否を検討し、対応可能なものについては希望に沿える体制を整える。

このとき、相談者の業務が一部軽減されることに伴って、軽減された業務が他の社員に振り分けられることになるだろうが、一部の労働者にその負担が偏らないように（不公平感が生じないように）、使用者は、妊娠した相談者のみならず、他の労働者に対しても配慮する必要がある（不公平感が新たなマタハラを発生させる潜在的な要因になりかねない）。

また、相談者が加害者たる部長に対して峻烈な被害感情を抱いており、加害者に対する厳しい懲戒処分をすることを会社に求めることがあるかもしれないが、あくまでも就業規則に基づいた処分となることを説明し、その範囲で処分を検討することとなることについて理解を求めることも場合によっては必要である。

(2) 部長に対する懲戒処分

部長のマタハラが、就業規則の懲戒事由に該当するかを確認し、該当するのであれば懲戒処分の種類を検討する。

就業規則の具体的な内容は会社によって異なるが、多くの会社では、「妊娠・出産等に関する言動や妊娠・出産・育児・介護等に関する制度や措置の利用に関する言動により、他の労働者の就業環境を害するようなことをしてはならない」などといった規定を置き、これに違反したことを懲戒事由とし

ているので、懲戒事由該当性についてはそれほど問題にはならないだろう。

　むしろ、懲戒処分の種類として何を選択するかが問題となる。多くの会社の就業規則では、「情状に応じて」懲戒処分の種類を決するなどと規定していることから、実際にマタハラが発生したときには、この情状の程度の判断がいちばん悩ましいところである。

　懲戒処分の種類は、行為の態様、被害の程度、加害者の反省状況等を勘案して決めることになる。執拗に何度も繰り返された言動など悪質性の高いケースでなければ、就業規則の懲戒処分の種類のなかで最も程度の軽い懲戒処分（就業規則の内容により異なるが、「戒告」や「けん責」が多い）が相当だろう。過去に、同様の懲戒処分を受けているのに、繰り返し同様の行為を繰り返すのであれば、次は、１つ程度の重い処分（たとえば、減給等）が検討されるべきである。

(3)　再発防止の措置

　再発防止として、①全社員対象に法令・指針の理解をするための研修、②会社トップからのマタハラのない会社とすることのメッセージを発信すること等が考えられる。

　マタハラが発生する背景には、妊娠した社員が休業取得、短時間勤務、残業ができないなどといった働き方をすることにより、同人がそれまでに担当していた業務を、他の社員が行わざるをえない状況となることによる不満も遠因としてあげられる。部長がマタハラ発言に至った背景についても十分ヒアリングし、社員の間で業務負担の不公平感が生じているのであれば、会社として各社員が担当している業務負担の絶対量をいま一度確認したうえで、業務の適正配分の観点から抜本的に業務の再配分等、組織的に各労働者の業務量の平準化、場合によっては一部業務のアウトソーシングを図り、特定の社員に多大な業務を強いる結果とならないようにする配慮が必要である。会社が、妊娠した社員のみならず、それにより業務量が事実上増大することに

なる社員に対しても配慮しながら組織として体制を整備するとのメッセージを発することで、社員間の不公平感を軽減し、マタハラを発生しにくい企業風土が形成される。

5 報告書はどのようにまとめるか

マタハラ調査報告書の項目立ての例をあげると、以下のとおりである。

第1　発覚の経緯

第2　調査結果

　1　調査日時・場所・方法

　2　言動に至った経緯、言動がなされた場所、時間、状況

　3　言動に関する被害者や発言者の認識

　4　言動による影響（被害者の就労状況、メンタルヘルス等）

第3　言動の法的評価（マタハラ該当性）

　1　マタハラ該当性（マタハラの定義、あてはめ）

　2　損害賠償リスク

第4　原因分析

第5　今後の対応方針

　1　被害者に対する措置の要否と内容

　2　加害者に対する処分の要否と内容

　3　再発防止措置の具体的な内容

---

6 経営トップに対してどのように報告するか

使用者には女性労働者の母性を尊重し職業生活の充実の確保を果たすべき義務があること、マタハラ防止措置を講じる義務があることを理解してもら

う必要がある。セクハラ等に比べて、マタハラに関する法整備は遅れていたため、マタハラ防止に関する使用者の措置義務について、経営トップが認識していない可能性があるからである。

　そのうえで、マタハラ事案について、調査結果の報告をする際には、個別具体的なマタハラ事実のみならず、会社でマタハラが発生した要因として、社内全体の体制上の問題がないのか（妊娠により労働者の業務が軽減された分、従来同人が行っていた業務を担うことになった労働者の負荷が大きくなったことによる不満がマタハラを招いていないか）といった視点から実情を分析した結果を報告する必要がある。

　特に、①社員の業務量は適正か（業務量に比して現在の社員の人数は適正か）、②妊娠した社員が担当していた業務を今後軽減していくことが想定されるが、その場合、だれに、どの程度の業務を割り振るか、その場合に多大な負荷を負う社員が発生しないかについて分析し、③業務量に比して社員の人数が少ないとの分析がなされた場合には、社員数を増やすことが可能か否か、それとも業務の一部をアウトソーシングする方向で効率化を図ることがよいのか、といった視点から分析した結果を、経営トップに報告し、会社として決断することを促すべきである。

　　　　　　　　　　　　　　　　　　　　　　　　　　　　（淺野）

1-6 取引先従業員への ストーカー行為

> 当社を退職後取引先に転職した従業員と恋愛関係にあり、その後関係が終了した当社従業員が取引先に転職した従業員に対して、「昨日は帰りが遅かったね。だれと一緒だったの？」という内容のメールを送信するなど「つきまとい」をするようになり、交際を続けなければ取引を打ち切ると言い出すようになったので、取引先に転職した従業員がその上司に相談したため、取引先から当社従業員の行為はストーカー行為だという申入れがなされ、ストーカー行為の禁止と慰謝料の支払が求められた。

1 どのようなケースが問題となるか

　当社の元従業員や取引先の従業員と恋愛関係に発展しても、社内規則で取引先との私的な交際を禁止するなどの制限を課す場合はさておき、法令上、なんらかのペナルティーが課されるわけではない。しかし、当社の従業員が取引先の従業員につきまとい、その内容がいわゆるストーカー行為に該当するということは問題になる。このケースでは、当社の従業員が取引先の従業員に対して、ストーカー行為等の規制等に関する法律（ストーカー規制法）に定める「つきまとい」行為に加え、態様によっては刑法上の脅迫罪・強要罪（刑法222条、223条）に該当する可能性がある。その結果、つきまとい行為が民法上の不法行為（民法709条）に該当することになれば、当社の従業員の使用者として、当社も使用者責任（民法715条）を負うことになる可能性がある。なお、当社の従業員が取引先の従業員に対して、「交際を続けなけれ

ば取引を打ち切る」と発言していることから、本当に取引が打ち切られた場合、事案によっては独占禁止法上の問題も生じうる可能性がある。

いずれにしても、当社は、当社従業員の行為がこれ以上エスカレートしないよう、防止しなければならない。

2 調査は必要か

このケースでは、取引先の従業員とその上司が、当社従業員のストーカー行為を警察に申告する可能性があり、それだけにとどまらず、当社が使用者責任を負う可能性もあることから、取引先の従業員と当社従業員のほか両者の関係を知っていると考えられる者に対するヒアリングをはじめ一連の調査をすみやかに行い、当社従業員の行動が、ストーカー規制法上の「つきまとい等」に該当するか、「つきまとい等」を繰り返し行った「ストーカー行為」に該当するか否か評価したうえで、取引先の従業員とその上司への対応を検討する必要がある。

なお、実際に当社従業員によって、当社と取引先の取引が特段の理由なく打ち切られていた場合には、優越的地位の濫用があったとして取引先から公正取引委員会への申告をなされることのないよう、念のため取引を復活させておくことが望ましい。

3 調査では何を調べるか

(1) ストーカー規制法の概要

ストーカー規制法は、ストーカー行為を処罰するなどストーカー行為について必要な規制を行うとともに、その相手方に対する援助の措置等を定めることにより、個人の身体、自由や名誉に対する危害の発生を防止し、あわせ

て国民の生活と平穏に資することを目的としている(ストーカー規制法1条)。ストーカー規制法による規制の対象となる行為は、「つきまとい等」と「ストーカー行為」であり、「つきまとい等」を繰り返す行為者に警告を与え、悪質な場合逮捕することができる。

「つきまとい等」とは以下の行為をいう。

① つきまとい・待ち伏せ・押し掛け・うろつき等(2条1項1号)
② 監視していると告げる行為(2条1項2号)
③ 面会や交際の要求(2条1項3号)
④ 乱暴な言動(2条1項4号)
⑤ 無言電話、拒否後の連続した電話・FAX・E-mail・SNS等(2条1項5号)
⑥ 汚物等の送付(2条1項6号)
⑦ 名誉を傷つける(2条1項7号)
⑧ 性的羞恥心の侵害(2条1項8号)

(2) 刑法上の脅迫罪・強要罪該当性

刑法上の脅迫罪・強要罪該当性に関しては、両罪の構成要件が「生命、身体、自由、名誉又は財産」について害を加える旨を告知することであり、このケースでの取引打切りは、取引先の従業員の自由、名誉、財産に該当しない。このような第三者の法益に対する加害の告知は、脅迫罪における脅迫に当たらないと解されているが、強要罪については、強要される者と暴行・脅迫の加害対象とが同一であることを要しないとする見解も有力である。

また、ストーカー行為がエスカレートすれば、類型的に脅迫・強要行為も伴う可能性が高いことから、このケース以上の発言をしていないかどうかも確認が必要である。

したがって、このケースでは、取引打切りに関する言動のほか、それ以外の言動も含めて、両罪の暴行・脅迫に当たりうる言動がなかったかを慎重に

調査する必要がある。

(3) 考えられる調査

　このケースでは当社従業員が「交際を続けなければ取引を打ち切る」と取引先の従業員に対して発言しているので、警視庁のWebサイトによれば、面会や交際の要求（③の行為）に関する具体例として、
・面会や交際、復縁等義務のないことをあなたに求める
・贈り物を受け取るように要求する
があげられており、これらに該当する可能性がある。
　もっとも、ストーカー規制法は、同一の者に対し、「つきまとい等」を繰り返して行うことを「ストーカー行為」と規制して罰則を設けていて、①〜⑤の行為は、身体の安全や住居等の平穏、名誉が害され行動の自由が著しく害される不安を覚えさせるような方法が行われた場合に限るとされている。そのため、当社の従業員の「面会や交際の要求」が、どのような態様で行われたのか、詳しく調査する必要がある。
　まずは、客観的な調査として、当社従業員と取引先の従業員の間でやりとりしたE-mail・SNS等の内容を調べる。当社の従業員と取引先の従業員は、業務上の関係性から恋愛関係に発展したと思われるので、当社のサーバーから当社の従業員の社内メール等で取引先の従業員と送受信した形跡があるか確認して、その内容を確かめ、仮に、当社の従業員に業務用の携帯電話やノートPCを貸与していた場合は、その中身をチェックする必要がある。
　次に、取引先の従業員やその上司から、「つきまとい等」に該当する可能性のあるメール・SNS等のやりとりを任意に提出してもらうことが考えられる。「昨日は帰りが遅かったね。だれと一緒だったの？」という内容のメールが連続して送られているか、取引先の従業員がメールの送信を拒否している形跡があるか否かをはじめ、その内容を精査したうえで、当社の従業員に対し、その内容を示したうえで、それでも当社の従業員が、その内容を

否認する場合には、当社の従業員が私的に使用している携帯電話やノートPC等の内容を任意に提出させ、当社がチェックすることを粘り強く説得することも考えられる。

　調査で留意しなければならない点は、決して関係者に対するヒアリングだけに頼るのではなく、最終的にはヒアリング内容の裏付けとなる客観的資料を粘り強く探索・取得することである。

4　調査結果を踏まえてどのように対応するか

　事実関係を調査したうえで、必要に応じて弁護士の意見等も参考にしながら、当社従業員の行為が、「つきまとい等」に該当するか、「ストーカー行為」として罰則を受けるレベルにあるものか、判断する必要がある。そのうえで、当社従業員の行為が、「不法行為」に該当するレベルに達していて（「ストーカー行為」と判断されるのであれば、特段の事情のない限り、「不法行為」に該当するものと判断してよい）、その結果、当社が使用者責任を負う可能性があるかについても、検討する必要がある。使用者責任の要件は、①被用者と使用者の使用関係、②事業の執行について被用者の行為がなされること（事業執行性）、③被用者の行為により第三者に損害が生じること、であるところ、このケースでは①、③は認められる前提なので、②の該当性が問題となる。この点、当社従業員と取引先の従業員との私的な恋愛関係には事業執行性が認められないと考えられるが、他方で、取引の打切りに言及していることもあわせて考えれば、事業執行とまったく関係のない行為であるとも言い切れない。したがって、事業執行性の部分を意識して調査を行い、判断する必要がある。その結果、当社が使用者責任を負う可能性があるのであれば、すみやかに以下の対応をとらなければならない。

(1) 取引先の従業員や上司への謝罪

　当社従業員と取引先の従業員との恋愛関係が発端となっているのであるから、決して当社として関係ないというスタンスをとるのではなく、当社従業員が違法行為をしているという認識を十分にもったうえで、然るべき立場にある者が取引先の従業員とその上司に対して、誠意をもって謝罪をする必要がある。そのうえで、当社従業員のストーカー行為を避けるために、携帯電話等の交換、引越しその他の費用が必要ということであれば、当社がその費用を負担することも積極的に検討すべきである。

(2) 当社の従業員に対する懲戒処分

　当社の就業規則に基づいて、当社従業員に対する懲戒処分を行う必要がある。もっとも、当社従業員からすれば、取引先の従業員は業務上の関係で知り合ったとはいえ、恋愛そのものは完全に私的な事柄ではあるから、懲戒解雇・諭旨解雇などの重い処分まで課すことは相当ではない。
　そのため、懲戒処分を行うにあたっては、慎重な検討が必要である。
　たとえば、東京地裁平成19年4月27日判決は、「担当業務において知り合った社外の人物と私的に連絡を取り合っていたが、2005年1月からこの人物とトラブルとなり、この人物らに多大な迷惑と不快感を与えた。私的な問題とはいえ、原告の行動は被告社員としてふさわしくない行動と言わざるを得ず、被告の信用を著しく損ねる結果を招いた。この責任は極めて重大である」という理由で、就業規則により懲戒休職6カ月とする旨の処分をしたことが有効とされた。この裁判例を参考にすれば、休職6カ月よりも重い処分を課す場合には、仮に就業規則上認められている処分の範囲だとしても、弁護士等の専門家に相談するなど慎重な対応が必要だろう。

(3) 警察への相談

　最も留意しなければならないのが、当社が調査をしたこと、懲戒処分をしたことにより、当社従業員が感情的になり、エスカレートして、取引先の従業員らに対する報復行為に出ることである。中小企業であっても、当社従業員が報復行為に出たことによって、殺人、強制性交等、傷害その他の刑事事件に発展してしまった場合、生命・身体を害するという重大な結果を及ぼすことはもちろんのこと、それだけにとどまらずマスコミに報道される可能性もあり、当社にとっての取返しのつかないレピュテーションの低下につながる可能性がある。そのため、万が一にもそのようなことのないよう、当社従業員の態度・動向を注視したうえで、必要があるときは躊躇することなく警察へ相談しておく。

5　報告書はどのようにまとめるか

　このケースでは、調査結果を報告書にまとめる場合、事実関係がきわめて重要であるから、交際の要求に該当する内容を具体的に記載し、行為について、「つきまとい等」や「ストーカー行為」の該当性を慎重に判断したうえで、不法行為を理由とする損害賠償請求の可否（使用者責任の有無を含む）に関する法的見解等に加えて、当社従業員に対する相当な懲戒処分やこれ以上発展させないための助言を記載すべきである。

　調査報告書の項目立ての例をあげると、以下のとおりである。

第1　発覚の経緯
第2　取引先の従業員に対する「つきまとい等」の内容
　1　総論（交際の要求）
　2　メールでのやりとり

3　SNS等でのやりとり
　第3　法的評価
　　1　ストーカー規制法の概要や該当可能性
　　2　脅迫罪・強要罪の該当可能性
　　3　使用者責任の該当性可否
　　4　独占禁止法上の問題点の可否
　第4　今後の対応方針
　　1　当社従業員に対する懲戒処分案
　　2　当社従業員に対する具体的対応
　　3　被害者や取引先に対する具体的対応

6　経営トップに対してどのように報告するか

　このケースでは、そもそも私的な事柄である以上、経営トップとしてもそれほど関心を有さない事柄であるかもしれないが、当社従業員が違法行為をしていたことが明らかになったのであれば、経営トップにはそこから派生する可能性のあるリスクを十分に理解してもらう必要がある。

　また、経営トップとしては、当社従業員を懲戒解雇するよう強く求めるかもしれないが、（ケースの深度によるとはいえ）私的な事柄であることから、懲戒解雇、諭旨解雇にかかわらず、いわゆる解雇処分をすることは必ずしも相当ではない。むしろ、当社従業員が引き続きストーカー行為や報復行為に走らないよう注視・指導することこそが、リスクを回避するための重要な取組みであることを理解してもらう必要がある。

（高橋）

1-7　内部通報への対応ミス

> 当社は、元請会社の下請として請け負った業務の一部を、さらに下請会社に発注している。元請会社では通報窓口が設置されていて、下請会社である当社の役職員もこれを利用できる。当社従業員が元請会社と当社が共同して当社の下請会社に対して下請法違反を行っていることを通報した。その後、当社従業員は、当社役員から元請会社の通報窓口を利用したことを非難され、仕事も外され、周囲からは「給与泥棒」と揶揄されるようになった。

1　どのようなケースが問題となるか

　役職員から会社の不正行為等の通報を受け付ける通報窓口を設置することがあるが、会社自身が設置するだけでなく、その取引先が通報窓口を設置し、会社として取引先の通報窓口を利用できるようにしている場合もある。その場合、会社の役職員が取引先の通報窓口にその取引先や会社の不正行為等を通報することがある。

　不正行為等の通報を受けた取引先は、通報内容について調査を行うことが一般的であるが、その調査の過程でだれが通報窓口を利用したのかという情報が周囲に知られてしまうことがあり、内部通報制度を理解できていない役職員が、通報窓口を利用した従業員に対して、通報したことを理由とする不利益な取扱いを行うことがある。

2 調査は必要か

　このケースでは、周囲から「給与泥棒」と揶揄されるような事態を解消すれば、調査を行う必要がないのかというと、そうではない。当社役員が当社従業員に対して元請会社の通報窓口を利用したことを非難し、仕事を外すという言動が実際に行われたとすれば、内部通報制度に関する当社社内規程等があればその規程等に違反することになるし、公益通報者保護法に違反する可能性が高いため調査を行う必要がある。また、当社がうまく対処できなければ、損害賠償リスク、内部告発リスク、さらには元請会社との取引解消リスクもあると考えられることからも、調査を行う必要がある。

(1) 内部通報制度に関する当社社内規程等違反

　中小企業であっても、上場企業等の取引先がある場合は多いが、上場企業等のなかには、自らの役職員にとどまらず、取引先の役職員も利用できる通報窓口を設置していることが多い。そのため、元請会社が設置した通報窓口に対して、当社の役職員が元請会社と当社による下請法（正式には「下請代金支払遅延等防止法」）違反について通報できる場合がある。元請会社がその下請会社の役職員も通報窓口を利用できるようにする場合、元請会社として通報窓口を利用したことを理由とした不利益な取扱いを行わない旨を元請会社の内部通報制度に関する社内規程等のなかで定めることに加えて、その下請会社である当社としても通報窓口を利用したことを理由とした不利益な取扱いを行わない旨を当社の内部通報制度に関する社内規程等のなかで定めていることが多い。その場合、当社役員によるこのケースでの言動は、内部通報制度に関する当社社内規程等に違反すると考えられる。

(2) 公益通報者保護法違反

　公益通報者保護法では、通報対象事実について内部通報や内部告発を行った労働者に対して、所定の保護要件を満たす場合には、内部通報や内部告発を行ったことを理由としたいっさいの不利益な取扱いを行ってはならない旨を定めている。

　そのため、内部通報制度に関する当社社内規程等が存在するか否かにかかわらず、当社が役職員に対して元請会社の通報窓口を利用できるようにしていた以上、その窓口は公益通報者保護法2条1項に定める「労務提供先があらかじめ定めた者」に該当する可能性が高いので、当社従業員は内部通報を行ったと考えられる。また、当社による下請法違反は公益通報者保護法2条3項に定める「通報対象事実」に該当すると考えられる。したがって、当社従業員が元請会社の通報窓口に対して元請会社と当社による下請法違反を通報することは、原則として、公益通報者保護法3条1号に定める内部通報の保護要件である「通常対象事実が生じ（中略）ていると思料する場合」を満たす「当該労務提供先等に対する公益通報」に該当すると考えられる。そして、当社役員によるこのケースの言動は、公益通報者保護法3条1号に定める公益通報をしたことを理由として不利益な取扱いを行ったと考えられるので、公益通報者保護法5条に違反すると考えられる。

(3) 損害賠償リスク

　このケースでは、当社としてうまく対応できなかった場合には、当社従業員から当社役員によるこのケースの言動を原因として損害賠償訴訟を提起され、内部通報制度に関する当社社内規程等や公益通報者保護法に違反する可能性が高いので、当社や当社役員が敗訴することが考えられる。なお、このケースのように周囲から「給与泥棒」と揶揄されるような深刻な事態に発展

している場合には、当社従業員が心身に支障をきたす可能性も十分に考えられるため、その損害が甚大となり、当社や当社役員が負担する損害賠償責任も高額になるという不幸な結果につながりかねない。

(4) 内部告発リスク

　また、当社としてうまく対処できなかった場合には、当社役職員からの内部通報制度に関する信頼は大きく揺らぐことになり、元請会社の要請を受けてその通報窓口を利用できるようにしていた内部通報制度を崩壊させかねない。

　そして、当社のなかで内部通報を理由とした不利益な取扱いが行われることになれば、公益通報者保護法3条3号イに定める「前2号に定める公益通報をすれば解雇その他不利益な取扱いを受けると信ずるに足りる相当な理由がある場合」に該当する可能性が高くなるので、同条3号が定める「その者に対し当該通報対象事実を通報することがその発生又はこれによる被害の拡大を防止するために必要であると認められる者に対する公益通報」（たとえばマスコミ等に対する内部告発）を行う者が現れた場合に、その者を法的に保護しなければならない可能性が高まることになる。その結果、当社の不正行為等について内部告発されるリスクを高めることになりかねない。

(5) 元請会社との取引解消リスク

　さらには、当社従業員が元請会社の通報窓口を利用したという情報が当社役員に知られたことには元請会社側の落ち度も認められる可能性があるが、元請会社が自らの落ち度を認めず、むしろ、当社における情報管理や内部通報を理由とする不利益な取扱いを禁止する旨の教育の徹底がなされていないことを非難し、当社との取引を解消する動きに出ることも考えられる。

3 調査では何を調べるか

(1) 考えられる初動

　まず、当社従業員が周囲から「給与泥棒」と揶揄されるという事態は直ちに解消しなければならない。この言動を把握したばかりの段階では、調査を行わない限り、当社役員による言動が行われたという確証までは得られないと思われるが、その確証が得られるか否かにかかわらず、当社従業員が心身に支障をきたすリスクを回避するために、周囲から「給与泥棒」と揶揄されるという事態を放置してよいはずがないし、それを放置して、当社従業員が被る損害が拡大すれば、当社が損害賠償責任を負担するリスクをさらに高めることになる。

　次に、当社役員による言動が行われたか否かを調査しなければならない。この点を調査せずに放置した場合には、さまざまなリスクが当社に生じる可能性を高めることになる。

(2) 考えられる調査

　当社役員による言動が行われたか否かは、どのようにして調査すればよいか。

ア 調査主体

　まず、だれが調査を行うのかという点が問題になる。このケースのように役員の不正行為が疑われるケースでは、より上位者が調査主体（責任者）とならなければ、適切に調査を行うことはできない。また、当社にさまざまなリスクが生じる可能性を高めかねないし、元請会社から徹底した調査を求め

られる可能性もある。したがって、基本的には経営トップである代表取締役社長が調査主体（責任者）となるべきである。もっとも、代表取締役社長だけで調査を行うことはできないため、これを補佐する人材を選定しなければならない。その場合、言動を行ったとされる役員よりも上位者がほかにいればその人材に調査を補佐させることが考えられるが、上位者がほかにいなければ弁護士等の専門家に調査を補佐させることも考えられる。

　なお、元請会社から徹底した調査を求められた場合には、元請会社の意向次第では、弁護士等の専門家を調査主体（責任者）とする調査委員会を組成したうえで調査を行うことが適当なこともある。

イ　調査手順

　いきなり言動を行ったとされる当社役員に対するヒアリングをして、その結果のみで、言動の有無を判断するという調査手順によるべきではない。不正行為を疑われている者は必ずしも真実を語るとは限らない。

　まず、当社役員による言動が行われたか否かについて調査を行うためには、通報窓口を利用した当社従業員に対して詳細なヒアリングを行うべきである。次に、そのヒアリング結果を裏付ける可能性のある客観的な資料があれば、その資料を確認することが重要である。そのうえで、言動を知る立場にある当社役職員がほかにいれば、その役職員に対するヒアリングを行うことが考えられる。そこまでの調査を尽くしたうえで、できる限り言動を行ったとされる当社役員が真実を語らざるをえない状況を整えたうえで、その役員に対するヒアリングを行うべきである。

ウ　調査のポイント

　このケースでは、①当社役員から元請会社の通報窓口を利用したことを非難されたうえに、②仕事から外されたという、③当社従業員に対して内部通報を理由とした不利益な取扱いが行われたか否かという大きく分けて3点について事実認定を行うことが必要になる。①は、通報窓口を利用した当社従

業員や言動を行ったとされる当社役員以外の当社役職員が直接的・間接的に言動を認識しているか否かが調査のポイントになるが、そのような当社役職員がほかにいない場合に通報窓口を利用した当社従業員と言動を行ったとされる当社役員の説明内容が食い違うとすれば、それらの信用性をどのように評価するかが調査のポイントになる。②は、通報窓口を利用した当社従業員の仕事が、いつ、どのように変わったのかという客観的な事実を確認すれば足りる。③は、通報窓口を利用した当社従業員の仕事を変更する合理的な理由がほかに見当たるか否かが調査のポイントになる。このケースでの言動を行ったとされる当社役員からの考えられそうな釈明としては、内部通報されたから仕事を外したのではなく、本人の能力が低いから仕事を外したというものであるから、その釈明が妥当か否かを検討できるだけの調査を行うことが考えられる。

　なお、このケースでは、元請会社の通報窓口を利用したという情報を、当社役員が知ることになった経緯についても調査のポイントとすべきである。その調査結果によっては、当社の問題にとどまらず、元請会社の情報管理の問題にも発展する可能性があるため、必要に応じて、元請会社と連携して調査を行うべきである。また、内部通報の対象となった事実、すなわち、元請会社と当社による当社の下請業者に対する下請法違反が行われているか否かについても、元請会社と連携して調査を行うべきである。

4 調査結果を踏まえてどのように対応するか

　事実関係を調査したうえで、弁護士の意見等も参考にしながら、当社役員による言動が、内部通報制度に関する当社社内規程等や公益通報者保護法に違反しているか否かについて判断する必要がある。そして、違反していると判断された場合には、次のような是正措置や再発防止措置を講じることが考えられる。

(1) 是正措置

　調査の結果、当社役員による言動が内部通報制度に関する当社社内規程等や公益通報者保護法に違反していると判断された場合には、当社従業員の意向も踏まえて、違反状態を解消するための是正措置を講じなければならない。具体的には、当社従業員の業務内容を相応しいものに変更すること（業務内容を元に戻すことも考えられるが、それに限らず、当社従業員の意向も踏まえて決定することが望ましい）に加えて、当社役員との間に直接の上下関係が生じないような人事異動を行うことも考えられる。さらに、当社役員に対して降格や減給といった適切な処分等を行うことが考えられるが、就業規則が適用されない役員である場合には、就業規則に基づく処分ではなく、取締役会で役員解任としたり報酬減額としたりすることが考えられる。

(2) 再発防止措置

　調査の結果、当社役員によるこのケースでの言動が内部通報制度に関する当社社内規程等や公益通報者保護法に違反していると判断された場合は当然として、そこまで判断されなかったとしても、違反の可能性が疑われるような場合には、将来的に内部通報を理由とした不利益な取扱いが行われることのないようにするため、再発を防止する措置や予防するための措置を講じなければならない。具体的には、①経営トップである代表取締役社長から、内部通報を理由として不利益な取扱いを許さない旨のメッセージを発信したうえで、②内部通報制度に関する社内規程等が明確に定められていなかった場合には、社内規程等を定めるとともに、③その規程等を周知するために、当社役職員を対象とした教育・研修を行うことが考えられる。また、コンプライアンス体制を充実させるために、④元請会社の通報窓口に加えて、当社の通報窓口を設置するとともに、⑤その窓口の運用を担う役職員を選定して、

教育・研修を行うことも考えられる。さらには、当社従業員が元請会社の通報窓口を利用して下請法違反を通報したという情報を、当社役員が知ることになった経緯次第では、⑥当社内の内部通報に関する情報管理や調査体制を見直すとともに、⑦元請会社の内部通報に関する情報管理・調査体制を見直すことも考えられる。

5 報告書はどのようにまとめるか

調査結果を報告書にまとめる場合、まず、当社役員による言動を含めた事実関係から記載し、言動が行われた経緯・原因を整理したうえで、このケースでの言動が内部通報制度に関する当社社内規程等や公益通報者保護法に違反しているか否かという法的見解、さらには、是正・再発防止措置を記載すべきである。なお、このケースでは当社従業員が元請会社の通報窓口に通報した下請法違反の調査も同時並行的に行われることになると思われるため、その調査結果についても記載すべきである。

調査報告書の項目立ての例をあげると、以下のとおりである。

第1　発覚の経緯
第2　当社役員による言動
　　1　言動の内容
　　2　言動が行われた経緯・原因
　　3　言動の影響
第3　言動の法的評価
　　1　社内規程との関係
　　2　公益通報者保護法との関係
第4　今後の対応方針
　　1　是正措置
　　2　再発防止措置

>   3 社内外への公表の要否
> 第5 下請法違反に関する調査結果
>   1 元請会社の通報窓口に通報された内容
>   2 通報内容に関する調査結果
>   3 （調査結果に応じて検討）

6 経営トップに対してどのように報告するか

　このケースで経営トップに対して強調して報告すべきポイントは、言動が行われた経緯・原因や言動の影響のみならず、言動を行った当社役員だけに問題があったわけではなく、当社のコンプライアンス体制に問題があったという点になると思われる。このような言動を行うような当社役員がいるようでは、当社のコンプライアンス体制全般が機能していないと思われる。なお、当社社内規程等や公益通報者保護法に違反したにとどまるのであれば、対外的な公表が必要とは思えないが、下請法に違反していたことが判明した場合には、下請法違反の被害を受けていた下請会社等に対する説明と被害の回復措置に加えて、監督官庁の動向次第では対外的な公表についても検討しなければならない場合があると思われる。

　中小企業では役職員が内部通報について十分に理解していない場合が多いので、実際に内部通報が行われた場合に、通報者がだれなのかを探索したり、内部通報を行ったことを理由として不利益な取扱いが行われたりするリスクが高い。

　また、中小企業の場合、役職員の人数が少ないため、実際に不利益な取扱いが行われてしまうと、不利益な取扱いを受けた役職員と不利益な取扱いを行った役職員の職場を引き離すことが容易でなく、結果的に不利益な取扱いを受けた役職員が退職してしまい、その経緯を知った周囲の役職員が内部通報を行っても自身が不利益な取扱いを受けるだけであると考えて、企業に対

してその不正行為等を明らかにしようとしないという風土を醸成してしまうリスクが高い。

　そのため、これらのリスクを低減させるべく、中小企業の経営トップに対して、コンプライアンス経営を実践することの重要性を説明するとともに、その実践に向けて、内部通報制度の重要性のみならず、そもそも不正行為等が行われないような教育・研修を実施するとともに、より風通しのよい職場環境を実現して、仮に不正行為等が行われたとしても、深刻な事態に陥る前に職場内で発見できるようにすることが何よりも重要であるという点を説明すべきである。

（中原）

1-8 従業員の引き抜き画策

> 最近、当社従業員の退職が続いていたので、理由を調べたところ、3カ月前に退任し、同業他社の社長に就任した当社の元常務取締役が、当社従業員の引き抜きをしていることが判明した。

1 どのようなケースが問題となるか

会社と従業員の契約関係は雇用契約であるから、従業員は原則として自由に雇用契約を解消することができる。そのため、従業員が勤務していた会社を辞めて、別の会社に転職すること自体について、従業員が勤務していた会社として原則的にストップすることはできない。

しかし、たとえば、会社の営業秘密を詳しく知る立場にある従業員が、同業他社に転職して、その営業秘密を利用するような事態となれば、不公正な競争を行うことが可能となってしまうので、経営者として、そのような事態は防ぎたいと考えるのが自然であろう。まして、このケースのように、元常務取締役が同業他社の社長に就任し、当社従業員を引き抜くことによって、当社を弱体化させて、同業他社の利益を図ろうとするような事態は何としても防ぎたいと考えるであろう。

2 調査は必要か

このケースでは、引き抜き行為を看過することは適当とはいえず、差止請求や損害賠償請求の可能性を検討するという観点からも、調査を行う必要が

ある。このケースでの調査を行う主なポイントは、差止請求や損害賠償請求の可能性の検討という観点からすれば、元常務取締役が社長に就任した同業他社によって当社の営業秘密が利用されているのか、また、元常務取締役が当社従業員の引き抜きを行っているのかという2点になる。

(1) 営業秘密の不正利用

不正競争防止法2条1項は、営業秘密に関して、以下の類型などを不正競争と定めている。

「窃取、詐欺、強迫その他の不正の手段により営業秘密を取得する行為(以下「不正取得行為」という。)又は不正取得行為により取得した営業秘密を使用し、若しくは開示する行為(秘密を保持しつつ特定の者に示すことを含む。以下同じ。)」という類型(不正競争防止法2条1項4号)。

「営業秘密について不正取得行為が介在したことを知って、若しくは重大な過失により知らないで営業秘密を取得し、又はその取得した営業秘密を使用し、若しくは開示する行為」という類型(不正競争防止法2条1項5号)。

「取得した後にその営業秘密について不正取得行為が介在したことを知って、又は重大な過失により知らないでその取得した営業秘密を使用し、又は開示する行為」という類型(不正競争防止法2条1項6号)。

これらの「不正競争」によって営業上の利益を侵害されたり、侵害されるおそれがある者は、侵害の停止もしくは予防という差止請求をすることができる(不正競争防止法3条1項)。

また、これらの「不正競争」を故意・過失によって他人の営業上の利益を侵害した者は生じた損害を賠償しなければならない(不正競争防止法4条)。

(2) 当社の元常務取締役による当社従業員の引き抜き行為

また、「不正競争」に該当しなくても、元常務取締役による当社従業員の

引き抜き行為が、社会通念上自由競争の範囲を逸脱した違法な態様で行われていた場合、具体的には、使用者の経営状況について本来告知してはならない情報や虚偽情報を用いて勧誘した場合、勧誘の程度が度を超えている場合、一斉退職を計画・実行した場合などは、民法709条に定める不法行為に該当し、当社の元常務取締役や同人が社長を務める同業他社が当社に対して損害賠償責任を負う場合がある。

3 調査では何を調べるか

(1) 考えられる初動

　当社の経営者であれば、このまま元常務取締役による引き抜きを受けて、次から次へと当社従業員が当社を辞めて同業他社に転職してしまう事態をなんとかしてストップしたいと考えるであろう。
　もっとも、転職しようとする従業員を辞めさせないようにするための法的手段はないので、当社従業員から、当社にとどまることが同業他社に転職するよりもメリットがあり、また、当社にとどまらず同業他社に転職するとデメリットがあると考えてもらえるようにする以外にない。この点、前者の観点からは、当社の就労環境を魅力のあるものとするという対策を講じることに尽きる。後者の観点からは、元常務取締役が社長を務める同業他社の行為は違法なものであり、それに応じて転職する従業員も違法な行為に協力することになると説明できるかという点にかかっているため、当社の元常務取締役や同人が社長を務める同業他社の行為が違法なものといえるか否かについての調査を行うことが必要になる。

(2) 考えられる調査

　元常務取締役が社長を務める同業他社の行為は不正競争防止法2条に定める「不正競争」に該当するか否か、民法709条に定める「不法行為」に該当するか否かについての調査は、どのようにして行えばよいか。

ア　ヒアリング対象者

　元常務取締役から真相について説明を受けることは不可能であるし、元常務取締役が社長を務める同業他社にすでに転職してしまった当社元従業員に対してヒアリングを行うこともむずかしい。そうなると、元常務取締役が社長を務める同業他社にすでに転職してしまった当社元従業員から同業他社への転職を勧められた当社従業員を探し出して、その当社従業員に対して、勧誘内容等についてヒアリングを行うことが考えられる。また、当社の元常務取締役が同業他社の社長に就任した以降に、その同業他社から当社に転職してきた者がいれば、その者に対して、同業他社による当社従業員の引き抜きの実態等についてヒアリングを行うことも考えられる。

イ　調査項目・ヒアリング以外の調査手法

　調査を行う主なポイントは、①当社の元常務取締役や同人が社長を務める同業他社に転職した当社元従業員による勧誘内容、②当社営業秘密の利用状況になると思われる。

　これらの事実は、ヒアリング以外にも、たとえば、元常務取締役が社長を務める同業他社に転職した当社元従業員が当社従業員（転職したか否かを問わない）との間でやりとりをしたE-mailの履歴を確認すること、当社営業秘密を含む当社にとっての重要な情報へのアクセス状況を確認すること、当社が貸与していたPCや携帯電話に保存されたデータや利用状況を確認することによって判明する場合もあるので、これらの調査も行う。なお、PCや携

帯電話のデータは、いったん削除されたとしても復元できる場合があるので、データの復元を試みることも考えられる。

ウ 営業秘密

営業秘密とは、「秘密として管理されている生産方法、販売方法その他の事業活動に有用な技術上又は営業上の情報であって、公然と知られていないもの」（不正競争防止法2条6項）と定められている。一般的に、営業秘密は、①秘密管理性、②有用性、③非公知性という3要件を備えなければならないとされているため、これらの要件について簡単に紹介する。

① 秘密管理性

この要件の内容については、情報にアクセスできる者が制限されていること（アクセス制限）や、情報にアクセスした者にその情報が秘密であることを認識できるようにされていること（認識可能性）という2つの要件を掲げる見解が少なくないが、経済産業省の営業秘密管理指針は、最低限の秘密管理措置がとられることを前提としつつ、前者のアクセス制限は、後者の認識可能性を担保する1つの手段であると説明している。また、情報の保有者が主観的に秘密にしておく意思を有しているだけではなく、客観的に秘密として管理されていると認められる状態にあることが必要とされている。したがって、会社として、どんなに重要な情報であると考えていたとしても、その情報が秘密であることを認識できるように管理されていないと、営業秘密といえなくなってしまう。

② 有用性

有用かどうかは、保有者の主観によって決められるものではなく、客観的に判断され、技術情報、顧客名簿、仕入先リスト、販売マニュアル等が該当するといわれている。

③ 非公知性

一般的に知られた状態になっていない、または容易に知ることができないことを指し、具体的には、情報が合理的な努力の範囲内で入手可能な刊行物

に記載されていないなど、保有者の管理下以外では一般的に入手できない状態をいうと解されている。

エ　その他の不正競争や不法行為の該当性の判断要素

　不正競争防止法に基づく請求の可否を検討するためには、「営業秘密」に該当する情報の範囲を確認するとともに、不正競争防止法2条1項各号に定める「不正取得行為」該当性、「不正取得行為」に関する認識の有無・程度、「営業秘密」の利用状況等についても確認する必要がある。

　また、不法行為に基づく請求の可否を検討するためには、元常務取締役による当社従業員の引き抜き行為が、社会通念上自由競争の範囲を逸脱した違法な態様で行われていたか否かについて確認する必要がある。

4　調査結果を踏まえてどのように対応するか

　事実関係を調査したうえで、弁護士の意見等も参考にしながら、元常務取締役が社長を務める同業他社の行為が、不正競争防止法2条に定める「不正競争」に該当するか、また、民法709条に定める「不法行為」に該当するかについて検討する必要がある。そして、「不正競争」や「不法行為」に該当する可能性が高いという検討結果になれば、元常務取締役が社長を務める同業他社などを相手方として、不正競争防止法に基づく差止請求の仮処分や訴訟、さらには損害賠償請求訴訟を選択することが考えられる。

　もっとも、中小企業の場合、重要な情報であっても、秘密管理性の要件を満たすレベルの管理を行っていない場合が多く、また、そもそも引き抜きの態様が、社会通念上自由競争の範囲を逸脱した違法なものとまで確認できないことが多いため、調査を行ったとしても結果的には「不正競争」や「不法行為」に該当するとまで判断できないケースが少なからず存在すると思われる。そのような場合でも、同様の事態の再発を防止するために、元常務取締役が社長を務める同業他社に対して警告を行う、さらには当社の従業員に対

して注意喚起をするとともに、次のような措置を講じることが考えられる。

(1) 重要な情報の管理体制の見直し

中小企業でも技術情報や顧客名簿などの重要な情報を有しているので、それらの情報が不正競争防止法に定める「営業秘密」に該当するといえるように、管理体制を見直すことが考えられる。具体的には、情報にアクセスできる者を制限し、情報にアクセスした者にその情報が秘密であることを認識できるような管理体制を構築することが考えられる。

(2) 役員との契約内容の見直し

中小企業に限らず、役員は、不正競争防止法に定める「営業秘密」に該当するか否かにかかわらず、会社にとって重要な情報に接する機会が多いので、役員との委任契約で、それらの情報を役員が自己や第三者のために利用する行為を禁止し、守秘義務を負わせることが考えられるし、また、それらの情報を利用するか否かにかかわらず、会社との競業を禁止する（競業避止）ことも考えられる。

この点、これらの義務を負う期間として、役員就任中はもちろんのこと、役員退任後も対象とすることも考えられるが、特に競業避止義務については、企業側の正当な利益、役員の地位、禁止される業務の内容やその場所的・時間的範囲、代償措置を考慮要素として、有効性が判断されるため、明示的に義務を負わせたとしても無効と判断される場合もあることに留意する。

(3) 従業員との契約内容の見直し

中小企業であっても、従業員のなかには、不正競争防止法に定める「営業

秘密」に該当するか否かにかかわらず、会社にとって重要な情報に接する機会のある従業員もいるので、それらの情報を従業員が自己や第三者のために利用する行為を禁止することや守秘義務を雇用契約で負わせることも考えられるし、また、それらの情報を利用するか否かにかかわらず、会社との競業を禁止することも考えられる。

これらの義務を負う期間として、在籍中はもちろんのこと、退職後も対象とすることが考えられるが、特に競業避止義務については、企業側の正当な利益、従業員の地位、禁止される業務の内容やその場所的・時間的範囲、代償措置を考慮要素として、有効性が判断されるため、明示的に義務を負わせたとしても役員のケース以上に無効と判断される場合もあることに留意する必要がある。

5 報告書はどのようにまとめるか

このケースで調査結果を報告書にまとめる場合、まず、同業他社の社長に就任した当社の元常務取締役による当社従業員の引き抜き行為に関する事実関係や影響から記載し、引き抜き行為について、不正競争防止法に基づく差止請求や損害賠償請求の可否、不法行為を理由とする損害賠償請求の可否についての法的見解に加えて、引き抜き行為への対抗策や再発防止措置を記載する。

調査報告書の項目立ての例をあげると、以下のとおりである。

第1	発覚の経緯
第2	元常務取締役による引き抜き行為
1	従業員Aに対して行われた引き抜き行為
2	従業員Bに対して行われた引き抜き行為
3	従業員Cに対して行われた引き抜き行為
4	引き抜き行為による影響

(1)　当社内への影響
　　(2)　取引先への影響
　第3　元常務取締役による引き抜き行為の法的評価
　　1　元常務取締役との委任契約との関係
　　2　不正競争防止法に基づく差止請求や損害賠償請求の可否
　　3　不法行為を理由とする損害賠償請求の可否
　第4　今後の対応方針
　　1　引き抜き行為に対する警告等
　　2　再発防止措置
　　(1)　情報管理体制
　　(2)　役員との委任契約の見直し
　　(3)　従業員との雇用契約の見直し

6　経営トップに対してどのように報告するか

　このケースでは経営トップが激怒することは容易に想像されるが、とはいえ、経営トップに対する報告は、客観的に行わなければならず、不正競争防止法に基づく差止請求や損害賠償請求、不法行為を理由とする損害賠償請求といった法的措置が認められる可能性が低いのであれば低いと率直に説明しなければならない。法的措置が認められる可能性が低くとも、経営トップが、単なる警告等を行うだけにとどまらず、法的措置を選択するという経営判断を行う可能性はあるかもしれないが、経営トップには法的措置が認められる可能性が低いのであれば低いといわざるをえないことを十分に理解してもらう必要がある。

　重要なことは、同様の事態が生じにくいよう、再発防止措置を講じることである。もっとも、経営トップには、営業秘密といえるレベルの情報管理体制を構築したり、退職後の競業避止義務を課したりしたとしても、完全に再

発を防止できるわけではないことを理解させるとともに、最も重要なことが当社の就労環境を魅力のあるものとすることであると理解させることが、何よりも重要である。

(中原)

1-9　稟議書添付書類の偽造

> 社員が新たな取引先を選定するために稟議書を作成したが、添付した取引先の取引実績や売上実績は偽造したものであることがわかった。

1　どのようなケースが問題となるか

　ある金融機関で、多くの支店や職員が、長期間、顧客から提出される試算表等の書類を多数改ざんしていたという実例がある。この実例では、監督官庁から複数回にわたり行政処分がなされたことも影響し、連日にわたり報道され、衆目を集めることとなった。

　一般企業でも、このケースのような不正行為が行われた場合、適切な取引先を選定する機会を失うとともに、取引先候補者に対して、誤った実績に基づいて、高額な報酬支払を約束するなど、本来よりも不利な契約を締結してしまう可能性もある。加えて、昨今の報道からもわかるように、会社規模等によっては稟議書添付資料の偽造の事実が報道され、大きなレピュテーショナルリスクを負う。

2 調査は必要か

(1) 新たな取引先を選定する段階で稟議書添付書類の偽造が発覚した場合

　新たな取引先を選定する段階で稟議書添付書類の偽造が発覚した場合、いまだ実際の取引には至っていないため、実害は発生していないか、軽微なものと考える余地もある。

　もっとも、調査の結果、稟議書作成担当者による同種の偽造が過去にも行われ、実際に取引に至っているケースが発見される可能性もある。また、調査の結果、他の不正行為が発覚する契機となる場合がありうる。たとえば、稟議書作成担当者が取引先候補者から個人的なキックバックを受けているケース、上司から過度な取引ノルマ達成を強く要請されていた等のパワーハラスメント（以下「パワハラ」という）が背景事情となっているケース、稟議書作成担当者が取引先候補者から過度に不当な要求がなされていたなどが考えられる。そのため、偽造が発覚した取引との関係で実害が軽微に感じられたとしても、調査を行う必要がある。

(2) 偽造書類を添付書類として稟議がなされ実際の取引に至っている場合

　実際の取引に至っている場合、取引先の取引実績や売上実績が偽造された結果なので、稟議の段階で想定した経済的利益が得られない可能性がある。また、取引先が偽造に加担している場合、取引先の信用に大きな影を落とすことになりうる。

　したがって、取引先と現在の取引を継続すべきか、今後も継続的な取引を

するに相応しい相手方かを確認するためにも、調査を行う必要性はより高い。

3 調査では何を調べるか

(1) 調査対象

このケースでは、稟議書添付資料それ自体と、本来の数値や本来記載すべき事項が記載された資料（社内稟議に係る規則・基準等）、稟議書作成担当者が関与した過去の取引や、偽造が行われた背景・動機、環境的要因の有無等を調査することが考えられる。

また、これらの過程で、稟議書作成担当者がキックバックを受けていた場合や、パワハラを受けていた場合など、不正行為に至った動機や背景事情についても、調査対象に含めることとなる。

(2) 調査手法

ア 客観的資料の収集

稟議書添付資料の偽造の有無・範囲の調査のためには、稟議書添付資料それ自体と、本来の数値や本来記載すべき事項が記載された資料（社内稟議に係る規則・基準等）を収集・保全する必要がある。また、偽造の関与者の特定や偽造に至った直接的な経緯等の調査のためには、稟議書作成担当者の社内メール、取引先候補者とのメール等が有力な証拠となりうる。

これらの証拠のうち稟議書添付資料等は、稟議書作成担当者や偽造の関与者の手元に集中して保存されている可能性が高く、これらの者に調査開始を察知されてしまうと、証拠を隠匿される可能性がある。そのため、予防策を

検討しておく必要がある。具体的には、偽造発覚の端緒の時点で、稟議書作成担当者に対して出勤停止処分を行うに足りる証拠が収集できている場合には、出勤停止処分を行い、そうでない場合には、稟議書作成担当者の休暇日や出張日をねらって、調査を行うこと等が考えられる。

また、メール等の隠匿が容易なものについては、隠匿がなされた場合の対抗策をあらかじめ検討しておくことが望ましい。たとえば、具体的には、メールであればサーバーの保存状況を事前に確認し、デジタル・フォレンジック（電子的な証拠収集）の可否を検討することが考えられる。

このようにして収集された証拠を、本来の数値や本来記載すべき事項が記載された資料（社内稟議に係る規則・基準等）に照らし、事実と異なる記載の有無、本来記載すべきである事項につき不合理に記載がもれている箇所の有無等を確認する必要がある。

イ　ヒアリング・アンケート

一定の客観的資料を収集した後、稟議書作成担当者、取引先候補者、稟議書作成担当者の上司・同僚等に対しヒアリングを行い、より具体的な不正行為の実態を調査していく。

なお、一定の客観的資料を収集した後にヒアリングに臨んだとしても、ヒアリング結果によって、調査範囲を拡大する必要が生じる場合は往々にしてある。調査の結果、他の不正行為が発覚する場合もありうる。そのため、ヒアリング前に一定の客観的資料を収集したとしても、常に未収集の客観的資料がありうることを意識し、資料が隠滅される危険性を考慮した対応をすべきである。その観点からも、稟議書作成担当者をはじめ、偽造に関与している可能性が高いと思われる者に対するヒアリングは後回しにしたほうが適切な場合が多いと思われる。

また、会社規模や時間的な制約等により、稟議書作成担当者の過去や現在の上司や同僚等の全員にヒアリングを行うことが困難な場合も十分にありうる。そのような場合は、代替手段として書面アンケート等を活用することも

考えられる。

4 調査結果を踏まえてどのように対応するか

(1) 再発防止策の検討

　調査の結果、偽造された原因が、担当者の個人的な資質の問題のみならず、組織的な問題であることが判明した場合、同種の不正を繰り返さないためには、組織的な再発防止策を検討する必要がある。具体的な再発防止策は、ダブルチェック体制の整備や、稟議書添付資料の内容の真実性につき事後的検証が可能となる体制を整備すること等が考えられる。

(2) 稟議書作成担当者や関与者への対応

　稟議書作成担当者や関与者に対してサンクションを科すことを検討する必要がある場合がある。
　具体例としては、懲戒処分、損害賠償請求、背任罪等を理由とする刑事告訴等が考えられる。もっとも、稟議書添付資料の偽造の背景・原因に組織的な問題がある場合に、稟議書作成担当者に対して、刑事賠償請求や刑事告訴までする必要があるかは疑問であり、懲戒処分を行う場合でも、処分内容によっては、担当者から懲戒処分の効力を争われる可能性があることも念頭に置いて、一次的には訓告にとどめるなど軽微な懲戒処分を検討することが考えられる。いかなるサンクションを適用するにしても、サンクションの要否・可否の判断を適切に行うためにも、不正行為の実態調査・原因調査は精緻に行うことが望ましい。

(3) 対外的なアナウンスの要否

　偽造された添付資料に基づく稟議を経て実際の取引に至っている場合、取引先が偽造に加担している場合はもとより、取引先の実際の実績等に照らし、取引停止を含め検討する必要がある。
　もっとも、取引停止のために必要な範囲を超えて、あえて稟議書添付資料が偽造されていたことを対外的にアナウンスする必要があるかは、各社のステークホルダーの属性に照らし、慎重に検討すべきである。一般に非公開会社で、代表取締役やその家族が株式の大多数を保有している場合などは、必ずしも対外的なアナウンスが必要ではない場合が多い。

5　報告書はどのようにまとめるか

　調査の結果、たとえば偽造の背景・動機の調査の過程で、上司による過度な取引ノルマ達成を強く要請されていた等のパワハラが発覚した場合の調査報告書の項目立ての例をあげると、以下のとおりである。
　なお、偽造の背景・動機で、パワハラ等他の不正が発覚した場合、報告書上、どちらにウェイトを置くかは個々のケースごとに適切に判断すべきである。調査の端緒が偽造であった場合であっても、組織的な問題としてパワハラのほうが深刻である場合には、後者に力点を置いて報告書をまとめるという判断もありうる。

第1　偽造
　1　発覚の経緯
　2　調査結果
　　(1)　偽造の手口・継続性・関与者
　　(2)　偽造の背景・動機・環境的要因

> 3 今後の対応方針
>   (1) 再発防止策
>   (2) 不正行為者に対する対応
> 第2 調査過程で発覚したパワハラ
>   1 発覚の経緯
>   2 調査結果
>   (1) パワハラの内容
>   (2) パワハラが行われた背景・動機・環境的要因
>   3 今後の対応方針
>   (1) 再発防止策
>   (2) 不正行為者に対する対応

6　経営トップに対してどのように報告するか

　実際の取引に至る前の稟議の段階で偽造が発覚した場合には、その実害は軽微であると考える余地もあるため、経営トップに対して適切な報告がなされない場合、不正への対応策が、個人に対する処分にとどまり、組織的な問題として捉えられない可能性もある。

　もちろん調査結果によっては、個人に対する処分のみという対応が十分かつ適切な場合もありうるが、仮に調査により、組織的な問題として捉えるべき事情があることが判明した場合は、その旨を適切に経営トップに報告する必要があろう。

（又吉）

1-10 社員証の偽造

当社では、ビル入館時に当社社員は社員証を提示する必要があり、外部者は受付で入館手続を行う必要がある。当社社員は、取引先担当者の入館手続を省略するために、カラーコピーを用いて取引先担当者を当社社員とする社員証を偽造した。

1　どのようなケースが問題となるか

社員証は、会社が名義人として、会社の役職員に対して発行する私文書であり、会社の従業員が、発行権限がないにもかかわらず、これを偽り、会社名義の社員証を発行する行為は、私文書偽造罪（刑法159条）に該当しうる行為である。

また、ビルのオーナーや管理者の立場からすると、ビル入館時にビルのテナントの従業員に社員証の提示を求め、外部者に入館手続を求める行為は、ビルに入居する全テナントのセキュリティーを維持することを目的とした行為で、ビルテナントの従業員や正規の入館手続を経た外部者以外の者の入館を拒む意思があるものと推察される。そうだとすれば、ビルに入居する1つのテナントの一従業員が、懇意にしている等の理由で取引先担当者のテナントへの入室を許容していたとしても、取引先担当者の入館が正規の入館手続を経ていないものである以上、ビルのオーナーや管理者の意思に反した立入りであり、偽造社員証を利用して入館した取引先担当者の行為と偽造社員証を発行した従業員の行為は、住居等侵入罪の共同正犯（刑法130条前段、同法60条）に該当しうる行為といえる。

2 調査は必要か

　会社の従業員や会社の取引先担当者が、発行権限がないにもかかわらず、これを偽り、会社名義の社員証を発行する行為は、私文書偽造罪（刑法159条）に該当しうる行為であり、正規の入館手続を経ずに、取引先担当者が入館した行為は、住居等侵入罪（刑法130条前段）に該当しうる行為でもあり、調査の必要性は十分に首肯されよう。

　また、正規の入館手続を経ずに入館した取引先担当者が、実際にビル内でどのような行為に及んだか、偽造入館証の発行を受けた者が取引担当者だけであるか等を確認することは、偽造入館証を発行した従業員の所属する会社だけでなく、ビルに入居するテナント全体のセキュリティー上の観点からも必要である。

3 調査では何を調べるか

(1) 調査対象

　このケースでは、偽造入館証の発行行為が行われた背景・動機、環境的要因の有無等も調査する必要があるものの、偽造入館証の発行を受けた取引先担当者が、ビルに入館して実際にどのような行為に及んだか、偽造入館証の発行を行った従業員が関与した過去の取引で、同種の行為がなされていないかを調査する必要がある。場合によっては、従業員だけでなく、従業員と同じ部署に所属する上司・同僚・部下や、あるいは他部署の役職員が同種の行為をしていないかまで調査対象を広げる必要がある。

(2) 調査手法

ア 客観的資料の収集

　入館証の偽造の有無・範囲の調査のためには、担当者が行った外部者との社内打ち合わせの記録や社内打ち合わせに際して行われた入館手続に係る資料の収集・保全・比較により調査を進めることが考えられる。入館手続に係る資料の収集・保全が、会社の社内書類だけでは十分ではない場合には、ビルの管理者から資料提供を受けることも考えられる。

　また、調査段階では、偽造が行われた事実を社外の者に開示することが適切ではないという判断がなされた等の理由で、ビルの管理者から資料提供が受けられない場合には、偽造社員証を発行した従業員のPCやサーバーから、従業員のメール等を収集・保全することが有用な場合もある。

イ ヒアリング・アンケート

　客観的資料を収集した後、①偽造社員証を発行した従業員、②偽造社員証の発行を受けた取引先担当者、③取引先担当者との商談に同席した従業員、④偽造社員証を発行した従業員の上司・同僚等に対しヒアリングを行い、より具体的な不正行為の実態を調査していく。

　なお、客観的資料を収集した後にヒアリングしても、ヒアリング結果によっては、調査範囲を拡大する必要が生じる場合も往々にしてあるため、偽造社員証を発行した従業員をはじめ、偽造に関与している可能性が高いと思われる者に対するヒアリングは後回しにしたほうが適切な場合も多い。

　また、会社規模や時間的な制約により、偽造社員証を発行した従業員の過去と現在の上司や同僚等の全員にヒアリングを行うことが困難な場合も十分にありうる。そのような場合は、代替手段として書面アンケート等を活用することも考えられる。

4 調査結果を踏まえてどのように対応するか

(1) 再発防止策の検討

　再発防止策を検討するにしても、たとえば、容易には偽造できないICチップ内蔵型の社員証に切り替える等の抜本的解決策は、コストやビルの管理者との調整の観点から困難なことも予想される。また、予断は禁物ではあるものの、不正の原因は、偽造社員証を発行した従業員個人の資質によるところが多い。そうすると、実際上の再発防止策としては、偽造社員証を発行した従業員に対する懲戒処分などで十分である場合が予想される。その場合、具体的には、訓告等の軽微な懲戒処分で足りるという判断がなされることが多いことが想定される。

　なお、たとえば、従業員が偽造社員証を発行した場合、偽装社員証の発行を受けた取引先担当者が、①予定された商談のみを行い、直ちに退館した場合と、②偽造社員証を利用して他のテナントへの侵入等の不正行為を行った場合とで、心情としては、後者のほうが重い懲戒処分をしたくなると思われるが、偽造社員証を発行した従業員自身の行為・主観が同一である場合には、異なる懲戒処分を適用することが妥当なのかは慎重に検討されなければならない。

　他方、同種不正が、偽造した従業員だけでなく、従業員の所属する部署や他部署でも横行していた場合は、組織上の問題として正視し、たとえば、商談等の準備に追われる担当者に入館手続の準備等を行わせるのではなく、商談等の準備を行う担当者と、入館手続等の準備を行う担当者を分けるなど、余剰人員の確保のためにコストをかけることや、社員証の偽造が刑事罰に該当する行為であることの周知等を含む全社的なコンプライアンス教育などを検討すべきである。

(2) 対外的なアナウンスの要否

調査過程で、①偽造入館証の発行を受けた取引先担当者が、偽造入館証を利用して、商談が予定されていない時間に入館していたことが発覚した場合や、②（偽造入館証の発行を受けた取引先担当者との）商談の同席者からのヒアリングから推知される商談終了時間と、退館手続等から推知される取引先担当者の退館時間とに不合意な乖離がある場合など、取引先担当者がビル内で予定されていた商談以外の行為を行っていた具体的な可能性がある場合は、ビルの管理者やビルのテナントに対して、セキュリティー上の問題が発生した可能性を周知すべく、アナウンスをする必要がある場合もある。

もっとも、ビル内に同居する他のテナントのセキュリティーのために必要な範囲を超えて、あえて社員証が偽造されていたことを対外的にアナウンスする必要があるかは、各社のステークホルダーの属性に照らし、慎重に検討すべきである。一般に、偽造された入館証を利用して大事件が発生したような場合等を除き、ビル管理者や他のテナント以外の第三者に対しては、必ずしも対外的なアナウンスが必要ではない場合が多いように思われる。

5 報告書はどのようにまとめるか

報告書のまとめ方は、調査の過程により発覚した事実関係の有無や軽重により大きく異なるが、偽造社員証の発行を受けた取引先担当者による不審行為が認められない場合、以下のような項目立てが考えられる。

第1　発覚の経緯

第2　調査結果

　1　偽造の手口・継続性・関与者・偽造社員証の発行を受けた取引先担当者による不正行為の有無

       2　同種の偽造の有無・関与者
       3　偽造の背景・動機・環境的要因
    第3　今後の対応方針
       1　再発防止策
       2　不正行為者に対する対応
       3　対外的アナウンスの要否

6　経営トップに対してどのように報告するか

　経営トップに対しては、一次的には、報告書の項目に沿って報告することが考えられる。もっとも、偽造が一従業員によるもので、取引先担当者が偽造入館証を利用してさらなる不正行為を行っていないような場合には、偽造社員証を利用した他の不正行為の発生が確認できなかったこと、社員証の偽造が横行している事実が確認できなかったこと、従業員に適用すべき懲戒処分についての意見を述べるにとどめることが考えられる。他方で、社員証の偽造が全社的に行われていた場合は、かかる行為が刑事罰に該当する行為であることの周知等を含む全社的なコンプライアンス教育などの必要性を提言することも考えられる。

（又吉）

1-11 通勤中の痴漢

　ある日突然、社員が無断欠勤し連絡がつかなくなり、その後、その社員から刑事弁護を受任した弁護士から、その社員は痴漢で逮捕されたものであるという連絡が入った。弁護士によれば、社員は「やっていない」と容疑を否認しているとのことだった。

1　どのようなケースが問題となるか

　従業員が犯罪の嫌疑を受け逮捕・勾留された場合、会社としては従業員にどのような対応をするか（欠勤をどう扱うか、懲戒処分等の対象とするかなど）を決するために、事実関係を把握する必要がある。

　その際のポイントは、わが国の刑事訴訟法では、被疑者・被告人も、有罪判決が確定するまでは無罪の推定が及ぶとされており、会社としても、「逮捕されたから有罪」「起訴されたから有罪」という先入観のもとに対応することは不適切であるという点にある。特に従業員が被疑事実を否認している場合にはなおさらである。

2　調査は必要か

　痴漢のケースで従業員本人が容疑を否認している場合、会社としては、犯罪事実の有無の認定は、裁判所の判決や捜査機関の捜査の結果に委ねざるをえない。したがって、この点について会社が独自の調査をする必要はない。ただし、会社としても、身柄拘束による欠勤等への対応は検討しなければな

らないので、最低限必要な情報収集や事情聴取は行う必要がある。

3 調査では何を調べるか

　刑事弁護を受任した弁護士から連絡が入ったというのであるから、基本的には弁護士を通じて情報を収集することになる。可能であれば弁護士からの情報収集とあわせて、接見により本人からも直接事情を聴くことが望ましい。弁護士や本人から聴取すべき事項の主なものをあげると以下のとおりである。

(1)　被疑事実の概要

　前提となる情報として、被疑事実の概要の聴取を要する。本人が被疑事実を認めているか否認しているかも直接本人に確認すべきである。

(2)　身柄拘束の現状

　捜査段階（起訴前の段階）での身柄拘束は、逮捕により最長3日、さらに裁判官が勾留を決定すれば最長10日、加えて勾留の延長を決定すればさらに最長10日と、最長で23日間に及ぶ。会社としては、従業員の身柄拘束がどの段階にあるのかを聴取しておく。また、勾留・勾留延長決定がなされる見込みについても（あくまで参考情報にとどまるが）、弁護士から聞いておく意味はある。
　会社から接見に行く予定がある場合には、接見禁止が付されていないことの確認と勾留場所の確認も必要となる。

図1　刑事手続の概要

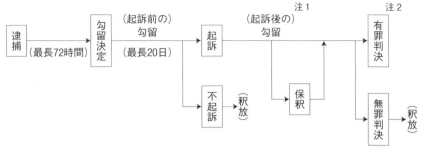

（注１）　起訴された場合は（起訴後の）勾留による身柄拘束が続くが、保釈が認められた場合は判決までの間身柄拘束が解かれる。
（注２）　懲役刑・禁錮刑の場合は刑務所へ収監等がなされるが、執行猶予により身柄が拘束されない場合もある。
　　　　また罰金刑等、身柄拘束が伴わない有罪判決の場合もある。

(3)　本人の健康状態・精神状態

　本人の身柄が解放された場合、会社における勤務を再開させることになるので、円滑に勤務を再開させられる健康状態・精神状態であるかどうかは、会社として把握しておく。接見により直接確認することが望ましい。

(4)　起訴の可能性

　本人の主張が認められ、「嫌疑なし」「嫌疑不十分」で不起訴に終わる場合はよいが、起訴に至った場合には、身柄拘束がさらに長引くこととなる。そのため、会社としては、起訴に至る可能性がどの程度あるかについて、弁護士に聞いておく意味があろう（弁護士としての予想にすぎないので、あくまで参考程度の情報にとどまる）。

(5) その他参考情報

　出勤できない期間の業務の代替・引継ぎなど、業務上・事務上の事項について聴取ないし連絡しておく必要がある。

　なお、勾留決定・勾留延長決定や起訴・不起訴の処分等、捜査手続・刑事訴訟手続は時間を追って順次進行し、状況が変化していく。したがって、会社としては、状況の変化があったときは随時それを把握できるようにしておかなければならない。このケースでは弁護士がついているということなので弁護士に連絡するよう、依頼しておくべきである。

4　調査結果を踏まえてどのように対応するか

(1) 欠勤の処理

　「無断欠勤」が生じていても、有罪が明らかとはいえず、本人も容疑を否認している場合には、無断欠勤を懲戒処分の理由とすることは許されない。欠勤の取扱いについては、本人の申出があれば有給休暇として扱うことが適切である。ただし、有給休暇の残りがない（なくなった）場合や本人が望まない場合は「欠勤」扱いとせざるをえない。

(2) 起訴された場合

　本人の主張が認められず、起訴に至った場合は、起訴後の勾留により、身柄の拘束が長期化することが予想される。有給休暇の消化や欠勤扱いでは対応しきれなくなった場合には、会社としては、就業規則上の根拠を確認したうえで、休職を検討すべきこととなる。

ただし、起訴されても保釈が認められれば、身柄拘束は解かれる。このような場合には、基本的には本人を復職させるべきであり、職務内容や公訴事実の内容に照らし、起訴自体が職場秩序や会社の対外的信用に悪影響を及ぼすと認められるような事情がない限り、本人の意思に反して無給の休職処分とすることは適切ではない（大阪地裁平成5年9月3日判決、東京地裁平成11年2月15日判決など）。

なお、懲戒処分のタイミングが問題となるが、有罪判決が確定するまでは無罪の推定が及ぶとする原則や、痴漢事件で無罪の判決が出される例（痴漢冤罪）が現にみられることからして、会社として懲戒処分に踏み切るのは、有罪判決が確定した時とするのが適切であろう。

さらに問題になるのは、途中で従業員が自白に転じた場合である。「本人もやったといっているのだからほんとうにやったのだろう」との推測に無条件に依拠していいのかの判断はむずかしく、ケース・バイ・ケースといわざるをえない。自白が真意に基づくものではなく、公判で撤回され、最終的に無罪とされる例も皆無ではないことを考えると、「自白に転じた」ことの一事をもって懲戒処分に踏み切ることにはリスクが残る。あくまで有罪判決の確定時と考えるのが適切であろう。

懲戒処分の可否についても問題がある。たとえば、就業規則上、「刑事犯罪で有罪判決を受けたとき」を懲戒事由とするという規定があっても、当然に懲戒が正当化されるとはいえない。労働者の職務遂行に関係がない私的行為については雇用者の懲戒権は及ばないのが一般であり、したがって、雇用者の指揮命令下にない通勤時間中などでの犯罪行為は、当然には懲戒権行使の対象とはならないからである。従業員が痴漢事件で有罪判決を受けたことにより、会社自身の対外的信用性が低下し、または、会社の企業秩序が維持できなくなるといえるかを慎重に検討する必要がある。

また、処分の程度についてもむずかしい問題がある。会社の事業の性格等に照らして特に会社の対外的信用性の低下が著しい場合や、社内における従業員の地位や職務上、特に重度の処分をしなければ企業秩序が維持できない

という場合でない限り、懲戒解雇等の重い処分には慎重を要する。裁判例には、鉄道会社職員が電車内で痴漢行為を行ったとして罰金20万円の略式命令を受けたことを理由にする諭旨解雇処分について、事件の痴漢行為は悪質性の比較的低い行為であったといえること、事件が報道等により社会的に周知されたり、事件に関して会社が社内外から苦情を受けたりしたことはないことから、諭旨解雇処分を無効としたものもある（東京地裁平成27年12月27日判決）。

(3) 不起訴となった場合

「嫌疑なし」「嫌疑不十分」で不起訴に終わった場合は、当然、早期に職務に復帰させるべきこととなる。

(4) 対外的なアナウンスの要否

会社としての対外的なアナウンスは不要であろう。被害者の立場を考えると、むしろ会社からの対外的なアナウンスは控えるべき場合も多いと思われる。

外部からの問合せがあった場合も、「捜査機関や裁判所の判断をみて、必要に応じて会社として適切な対応をする」という程度のコメントが適切な場合が一般であろう。

5 報告書はどのようにまとめるか

報告書という「体裁」には必ずしもこだわる必要はなく、聴取した事項を適宜、正確に書面化すればよいであろう。ただし、捜査手続・刑事訴訟手続は順次進行し、状況が変化していくので、状況の変化があるごとに、報告書面も随時追加・修正・アップデートしなければならない。

報告のポイントとなる項目をあげるとすれば、以下のようなものが考えられる。なお、経営トップからは懲戒処分の要否等についても報告を求められることが多いであろうが、前述のような理由により、捜査中・公判中の段階で懲戒処分の検討に踏み込むのは慎重であるべきとの意見を具申するのが適切であろう。

第1　被疑事実の概要
　　1　被疑事実の罪名
　　2　日時・場所
　　3　行為内容
第2　本人の現状
　　1　認否（被疑事実を認めているか否認しているか）
　　2　身柄拘束の現況
　　3　健康状態等
第3　連絡・伝達事項
第4　今後の見通し

6　経営トップに対してどのように報告するか

　報告書の項目に従って報告すればよいと思われる。
　ただし、刑事手続上の用語や仕組み・制度については、経営トップも必ずしも十分な知識をもっていない可能性もある。そのような場合は、報告の際、あわせて適宜の説明・解説を加えることが有益である。また、手続の進展に伴う状況の変化があった場合には、追加報告することが必要である。

　　　　　　　　　　　　　　　　　　　　　　　　　　　（石毛）

1-12 名誉毀損

> 社員が同業他社の風評を毀損すれば取引先への営業活動が優位になると思い悪評をネットに書き込んだ。同業他社は、当社の社員による書込みであることを突き止めて、当社に損害賠償請求をしてきた。

1 どのようなケースが問題となるか

　インターネットの普及に伴いトラブルも増加している。とりわけ、インターネット上の掲示板等では匿名で書き込みを行うことができるので、匿名性を隠れ蓑に、他人に対する誹謗中傷、嫌がらせ、プライバシーの暴露、同業他社に対する営業妨害等は、日常的に行われている状況である。

　他方で、平成13年に「特定電気通信役務提供者の損害賠償責任の制限及び発信者情報の開示に関する法律」(プロバイダ責任制限法)が制定されたことによって、以前よりもインターネット上の書き込みを行った者を特定することが容易になり、書き込みを行った者に対する損害賠償請求がなされるケースも増えてきた。

　一般に、インターネット上の書き込みが問題となって損害賠償請求が行われる類型としては、①名誉毀損、②プライバシー侵害、③侮辱行為が代表的であるが、本ケースは、このうち、企業に対する①名誉毀損が問題となっているものである。

2 調査は必要か

このケースでは、同業他社が当社に対して損害賠償を請求しているため、当社としても、すみやかに対応を考える必要があるが、そのためには社員が悪評を書き込んだことに関連する事実関係を調査したうえで、損害賠償請求に理由があるか否かを検討する必要がある。

3 調査では何を調べるか

(1) 損害賠償請求の法的根拠・法的主張

まず、事実関係を調査する前提として、同業他社がどのような法的根拠・法的主張に基づいて損害賠償請求をしているのかを確認することが重要である。というのも、同業他社の損害賠償請求の法的根拠・法的主張を確認することは、今後の事実関係の調査でいかなる点を中心に調査を行えばよいかの指標となるからである。

社員が他社の悪評をネットに書き込んだとして会社に対し損害賠償請求がされる場合、他社は、2つの法的主張をあわせて行っていることが多い。

ア 法的主張①（名誉毀損）

「他人の社会的評価を低下させること」を名誉毀損という。名誉を毀損された者は、名誉毀損を行った者に対して、不法行為（民法709条）に基づき損害賠償請求をすることができる。

したがって、社員が他社の悪評をネットに書き込んだことにより、他社の社会的評価が低下した場合、他社は、悪評をネットに書き込んだ社員に対して、不法行為に基づく損害賠償請求をすることができることになる。

ただし、最高裁昭和41年6月23日判決は、①名誉毀損行為が公共の利害に関する事実に係り、②もっぱら公益を図る目的に出た場合には、③摘示された事実が真実であることが証明されたときは、不法行為は成立しないと判断しており（真実性の法理）、名誉毀損に該当しても一律に不法行為に基づく損害賠償請求が認められるわけではないことには留意する必要がある。

　たとえば、同業他社の悪評を書き込んだことは事実であっても、同社の製品に欠陥があるなどという同業他社の営業活動上の事実に関して、それを広く一般消費者に知らしめる目的で書き込みを行っていたというような事実関係が確認されれば、真実性の法理によって社員に対する不法行為が成立しない可能性（ひいては、当社に対する使用者責任が成立しない可能性）が出てくる。

イ　法的主張②（使用者責任）

　民法は、原則として、不法行為を行った者のみが損害賠償責任を負うこととしている。したがって、仮に社員が他社に対して名誉毀損を行い、損害賠償責任を負うことになったとしても、会社が直ちに同様の損害賠償責任を負うわけではない。

　しかし、民法715条は、「ある事業のために他人を使用する者は、被用者がその事業の執行について第三者に加えた損害を賠償する責任を負う」と規定して、一定の場合に、社員が行った行為の責任を会社に追及することを認めている（使用者責任）。

　したがって、社員が、「その事業の執行について」名誉毀損を行ったと認められる場合には、会社も損害賠償責任を負う。

　たとえば、社員が、上司等の他者からの指示があったわけでもなく、個人所有の携帯電話で、同業他社の製品についてネットに悪評を書き込んだという事実関係が確認されたら、（社員個人に対する同業他社の損害賠償請求が認められる可能性があることは別として）、社員の行為は、「その事業の執行について」とは評価しがたく、当社が使用者責任を問われる可能性は低い。

　他方で、社員が、上司の指示によって当社が有利になるように悪評を書き

込んでいた場合では、使用者責任が認められ、損害賠償請求が認められる可能性も高い。

(2) 事実関係の確認

　同業他社の損害賠償請求の法的主張を確認したうえで、次に行うべきは、同業他社の悪評をネットに書き込んだとされる社員に対するヒアリングである。

　ヒアリングでは、最初に、社員が書き込みを行ったこと、書き込みに関する事実関係を確認すべきである。具体的にいえば、①いつ書き込みを行うことを考え始めたのか、書き込みの内容はどのようにして決めたのか、いつ書き込みを行ったのか、といった書き込みに至るまでの事実経過、②会社から貸与されているPCや携帯電話から書き込みを行ったのか、個人所有のPCや携帯電話から書き込みを行ったのか、ネットカフェ等のPCを利用して書き込みを行ったのか、といった書き込みの具体的方法、③なぜ・なんのために書き込みを行ったのかといった書き込みの具体的な理由や目的についてヒアリングを行うことになろう。また、名誉毀損との関係では、書き込みの内容は真実なのか虚偽なのか、といった真実性の問題もあわせてヒアリングしておく必要がある。

　加えて、使用者責任との関係では、社員が単独で悪評を書き込んだのか、それとも上司の指示に従い書き込みを行ったのかといった点も確認しなければならない。そのうえで、仮に上司その他の者の関与が確認できた場合には、それらの者に対するヒアリングも実施するなどして、全容を解明していく。

4　調査結果を踏まえてどのように対応するか

　以上の調査結果を踏まえて、当社としては、同業他社からの損害賠償請求に対する当社のスタンスを明確にすることが求められる。

たとえば、当社に法的責任がないと判断できるケースでは、同業他社に対して、その旨を書面で回答すべきである（この際、同業他社が、弁護士を代理人として立てているのであれば、当社も弁護士を代理人として選任し、その弁護士から回答してもらうことを検討すべきであろう）。

　他方で、当社に法的責任が認められてもやむをえないと判断できるケースでは、進め方はいろいろ想定されるものの、まずは和解交渉を行うべく、同業他社の担当窓口に連絡をして、面談を設定するのがオーソドックスな対応と思われる。この場合、当社には、事案の軽重・行為の悪質性等に応じて、同業他社に謝罪をすべきか、当社から申し出る損害賠償額をいくらにすべきか、弁護士を選任すべきか等の検討が求められる。

　なお、いずれのケースにおいても、当社の法的責任の可否を適切に判断しようと思うと、高度な法的知識が必要になるため、適宜、弁護士の助言を受けるなどしながら進めていくことが望ましい。

5　報告書はどのようにまとめるか

　このケースで調査結果をまとめた報告書を作成するとすれば、以下のような項目立てとすることが考えられる。

第1　相手方の請求内容・主張する事実
第2　調査結果
　1　書き込みの内容等（客観的資料）
　2　内容の真実性・根拠
　3　社員からのヒアリング結果
　4　不法行為（名誉毀損）の該当性（弁護士意見含む）
　5　当社の使用者責任の有無（弁護士意見含む）
第3　今後の対応方針

---

6 経営トップに対してどのように報告するか

　報告書の項目に従い報告すればよいと思われる。ただし、交渉の進展に伴う状況の変化があった場合には、随時、遅滞なく追加報告することが必要である。

（鈴木）

第2章

モノ・情報

2-1 会社所有車による交通事故

> 当社では、各営業所に一定数の営業用車両を与えて、各営業所の所長や営業社員に使用させている。ある日、当社の営業所所長が、商談のために自ら運転する営業車両で移動中に、居眠り運転による人身事故を起こし、所長自身も重傷を負って仕事ができなくなった。当社では、人材不足により、各営業所の所長に長時間のサービス残業を強いることが常態となっており、所長は連日不眠不休の勤務が続いていたなかでの事故であった。

1 どのようなケースが問題となるか

　会社が業務で営業車両を用いる場合には、交通事故のリスクは常にある。このケースのように、①会社が所有する車を業務に使用させていて、会社の損害賠償責任が問われる事例は典型的ではあるが、このほかにも、②会社の車を従業員が無断で私用に用いる場合、③従業員の自家用車を会社の業務に用いている場合、④通勤時のみ従業員が自家用車を使用していた場合も、会社の法的責任が問題となりうる。

　過重労働を原因とする居眠り運転の事故は、連日長時間労働が続いたトラックの運転手が高速道路で居眠り運転をした場合や、バス会社の運行するバスが事故を起こして乗客に多数の死傷者を出した場合など、非常に大きな事故で世間の耳目を集める場合に報道されることがあるが、運送関係の会社に限った問題ではない。

2 調査は必要か

　このケースのように、従業員が会社の業務に関連して事故を起こした場合、会社としては一定の法的責任が問われる。法務担当や総務担当は、会社と関係者の法的責任の有無、範囲を明確にするために、事実関係や事故の原因等を確認することが必要不可欠である。

　通常は事故当事者が警察の捜査に対して協力し、会社としては、警察による検証結果も踏まえて事実関係を確認することになるが、仮に従業員の居眠り運転のケースではなく、事故の原因がもっぱら第三者の側にあるといえるようなケースでは、過失の有無、程度について、当社の従業員の言い分もよく確認し、当社側の主張すべき事実関係や事故原因を早期に調査すべきである。

　また、運送事業者の場合は、事故を契機として、国土交通省（各地方運輸局や各運輸支局）による監査が実施され、監査の結果、法令違反が判明した場合には、文書警告、自動車の使用停止、事業停止、許可取消しなどの行政処分や改善についての命令等の措置がとられる可能性もある。したがって、運送事業者の場合は、事業者としての法令違反の有無についても、調査・確認が必要といえる。

　なお、事故で大きな損害を発生させたような場合、報道された結果、従業員が居眠り運転した原因が過重労働にあったことも報道され、会社や代表取締役社長が社会的非難の対象となることもある。そのような場合、いままでの従業員の勤務実態や社内体制について、今後の改善策や再発防止策も視野に入れた調査と検証が必要である。

3 調査では何を調べるか

　事故調査に際しては、当社が負担する可能性のある法的責任を念頭に事実

関係を確認すべきである。

(1) どのような法的責任が発生するか

このケースで当社が負担する可能性のある法的責任として、①事故の被害者に対する損害賠償責任（運行供用者責任や使用者責任）と、②過重労働の状況にあった所長に対する損害賠償責任（安全配慮義務違反）が考えられる。また、ケースによっては、①の被害者に対する損害賠償責任について、代表取締役社長個人に対しても、代理監督者としての責任が問われる可能性もある。

ア 事故の被害者に対する運行供用者責任
（自動車損害賠償保障法3条）

会社が所有する車で事故が発生した場合、会社の法的責任としては、まず自動車損害賠償保障法（以下「自賠法」という）3条の運行供用者責任が問題となる。

会社が自賠法3条の運行供用者責任を負うのは、会社がその車の運行について支配を及ぼしているか（運行支配）、運行から利益を得ているか（運行利益）によって判断される（通説・判例）。

そして、従業員が業務中に社用車で事故を起こした場合、原則として会社の運行供用者責任が認められるので、設問のケースのような事故では、当社が被害者に対する損害賠償責任を免れることはほとんどない。代表者個人が会社を単独で支配、運営し、実質的に代表者個人の企業と同視しうるケースでは、代表者個人の運行供用者責任が認められる場合もある。

また、仮に従業員が勤務時間外に無断で私用運転して事故を起こした場合であっても、運行支配や運行利益が認められれば会社に運行供用者責任が認められる。裁判例では、自動車の所有車と運転者との間に雇用関係等の密接な関係があること、日常の車の運転状況、日常の車の管理状況などが考慮さ

れて、客観的・外形的に会社のためにする運行と認められる場合は、会社の運行供用者責任が認められる。

　さらに、従業員の自家用車を会社の業務に用いている場合や、従業員が自家用車を通勤に使用していた場合の事故でも、会社が業務使用を命じていたり、便宜上黙示的に容認していたり、自家用車による通勤を指示、奨励していたりする場合には、会社に運行支配や運行利益が認められて運行供用者責任を負う可能性がある。

イ　事故の被害者に対する使用者責任（民法715条）

　一般的に、会社に使用者責任（民法715条1項）が認められるためには、①従業員の行為について不法行為責任が成立することと、②従業員の行為が会社の業務の執行についてなされたことが必要である。設問のケースのような場合、当社は被害者に対して使用者責任を負うことになる。

　さらに、従業員の選任・監督等の業務を執行しうる地位にある者も、民法715条2項に基づき代理監督者責任を負う場合もあるので、代表者個人が被害者から責任追及されることも考えられる。裁判例では、会社や代表取締役による過重労働解消の対策不十分のため、従業員が長時間の過重労働状態により眠気を催して事故を発生させ、代表取締役が従業員の指導・監督につき相当の注意を払っていなかったとして、代表取締役の代理監督者責任を認めた事例もある（大阪地裁平成22年5月26日判決）。

ウ　所長に対する損害賠償責任（安全配慮義務違反）

　安全配慮義務違反とは、「ある法律関係に基づいて特別な社会的接触の関係に入った当事者間において、当該法律関係の付随義務として当事者の一方又は双方が相手方に対して信義則上負う義務」であり（最高裁昭和50年2月25日判決）、特に使用者が雇用する労働者については、「業務の遂行に伴う疲労や心理的負荷等が過度に蓄積して労働者の心身の健康を損なうことがないように注意する義務がある」（最高裁平成12年3月24日判決）とされている。

このような考え方により、従業員が過重労働によって過労死、自殺したような場合、使用者に安全配慮義務違反の損害賠償責任が認められることが多くなっているが、過重労働の環境下にある従業員が居眠り運転により交通事故を起こして死亡したケースでも、使用者の遺族に対する安全配慮義務違反による損害賠償責任が認められた裁判例がある（大阪地裁平成5年1月28日判決、鳥取地裁平成21年10月16日判決）。

　設問のケースでは、従業員である所長が自らの居眠り運転により重傷を負っているが、裁判例の考え方によれば、所長に生じた損害についても、当社は安全配慮義務違反による損害賠償責任を負う可能性が高い。

(2) 具体的な調査

　交通事故では、会社や代表者に各種法的責任が発生することが想定される以上、責任の範囲を適切に把握し、被害者等に対して適正な対応をするためには、事実関係や損害等の調査は欠かせない。

　被害者に対する損害賠償責任との関係では、まず、事故に至る経緯、事故の態様、事故の原因、被害者に発生した損害の内容、被害者側の過失の有無といった基本的事項の確認は欠かせない。事故車両に保険を付している場合は、保険会社が被害者対応の窓口となり、被害者に対する損害賠償責任の範囲を画するために必要な事実関係を調査・確認することになろう。

　また、仮に従業員の無断私用運転であった場合には、日常的な車の管理状況や運転状況も確認する必要があるし、従業員の自家用車による事故であった場合には、会社の指示、命令等で業務に使用していたのかといった、自家用車の使用に関する会社の日常的な体制を確認する必要がある。

　他方で、所長との関係では、普段の過重労働の状況、社内の業務体制、日常的な車の使用状況、管理状況を確認しなければならない。所長が事故に至るまでどれほどの勤務時間と業務内容だったのか、それを会社としてどこまで把握していたのか、会社としてどのような改善策がなされていたのか、所

長の移動手段として営業車両以外の移動手段があったのか等の周辺事情まで確認しておく必要がある。

　いずれにしても、当社や代表者の法的責任が関係する以上、事実関係を把握し、法的責任について、弁護士に相談、確認することも欠かせない。

　なお、損害賠償すべき金額については、治療に長時間かかることもあり、短時間では調査・確認できない場合が多い。また、事故態様や事故原因について、警察による検証や捜査結果を待たなければ確定できない場合もある。したがって、損害額等、後日確定せざるをえない調査事項もあるが、自社で確認できる事項については、事故から1カ月程度をメドにして事実関係を調査すべきである。

　また、事故の原因がもっぱら過剰労働にあり、会社や業界全体として従業員にそのような労働を強いるような実態が報道されたりして、社会的に問題視されているようなケースでは、弁護士等をメンバーとする第三者委員会による調査と説明が必要になる場合もありうる。この場合は、会社の規模にもよるが、調査期間は1カ月よりも長期にならざるをえない。

　なお、運送事業者の場合は、事故を契機に地方運輸局による監査が実施される可能性もあるので、法令違反がなかったか否かも確認すべき事項となろう。

4　調査結果を踏まえてどのように対応するか

　事実関係の調査と弁護士の法的見解を踏まえて、当社として認められる法的責任について、事故の被害者や所長に対し、誠実に対応することが第一のポイントである。この点に関しては、あくまで被害を受けた者に対する対応が大事であって、社内外に公表するものではないと考えられる。

　ただし、加重労働が常態となっていた社内体制に問題がある場合、早急に改善策、再発防止策を講じて、社内に周知すべきである。また、報道で社内体制が問題視されている場合には、社内体制の問題点、過重労働の原因や社

内体制の改善策・再発防止策について、対外的に公表することも考えられる。この点、第三者委員会による調査が必要となるようなケースでは、対外的にも公表する必要がある場合が多い。

5 報告書はどのようにまとめるか

　調査結果を報告書にまとめる場合、まずは交通事故の内容から記載し、事故に至る経緯、原因、所長の稼働状況、社内体制といった周辺的な事情をまとめて整理し、それを踏まえて、法的責任の内容（弁護士に確認した内容）、このケースでの対応方針、社内体制の問題点・改善すべき点を記載すべきである。

　調査報告書の項目立ての例をあげると、以下のとおりである。なお、第5の「今後の対応方針」については、最終的に経営トップが決定することであるから、必要に応じて、調査結果を踏まえた提案内容を記載するものである。

第1　事故の内容
　1　日時・場所
　2　事故の態様
　3　事故に至る経緯、事故原因
　4　被害者側の過失の有無
　5　被害者に発生した損害の内容

第2　所長の稼働状況
　1　所長の具体的な業務内容
　2　直近1年間の稼働時間
　3　所長の稼働状況、健康状態について当社が把握していた内容
　4　営業所の他の従業員の稼働状況
　5　事故当日の営業車両以外の移動手段の有無

> 第3 その他社内体制
>   1 他の営業所の所長や従業員の稼働状況
>   2 過重労働が常態となっていた原因
>   3 当社がとっていた改善策
>   4 営業車両の日常的な管理・使用状況
> 第4 法的責任（弁護士意見）
>   1 被害者に対する損害賠償責任
>   2 所長に対する損害賠償責任
> 第5 今後の対応方針
>   1 損害賠償責任についての対応
>   2 社内外への公表の要否
>   3 社内体制の改善策・再発防止策

6 経営トップに対してどのように報告するか

　このケースで報告すべき内容は、①事故の原因と法的責任、②過重労働に関する社内体制の課題と改善策・再発防止策である。また、仮に運送事業者の場合には、③監査の実施や行政処分の可能性についても報告すべきこととなる。

　このうち、①に関しては、弁護士への相談結果を踏まえて報告すればよい。これに対して、②に関しては、全社的に過重労働の問題がある場合には、今後、同様の事故が生じうること、その場合には再び大きな損害について法的責任が発生する可能性があることを説明し、改善策・再発防止策を提示すべきである。

　仮に、③の行政処分を受ける可能性のある法令違反が認められる場合には、この点に関する社内体制、運用についても改善策・再発防止策を提示すべきである。行政処分の基準については国土交通省のホームページに関係通

達や違反行為ごとの処分基準が掲載されているが、トラック（貨物自動車）や乗合バス（一般乗合旅客自動車）について、「疾病・疲労等乗務」も違反事項となっている。処分基準に基づいて自動車の使用停止が命じられると、違反点数が累積していくこととなり、3年間の累積違反点数が50点を超えると営業所の事業停止処分、80点を超えるときやその他の悪質な法令違反があったときは事業許可の取消処分となる。したがって、違反点数が累積していけば、業務に重大な支障を生じさせかねないから、改善策・再発防止策は必要不可欠である。

(福田)

2-2 自宅で業務をするための個人情報の持出し

　従業員が自宅で資料を作成するために社内データをUSBメモリに記録して、持ち帰ろうと社外にデータを持ち出し、自宅に帰る途中、乗った電車にUSBメモリを入れた鞄ごと置き忘れてしまった。USBメモリには、顧客の氏名、住所、電話番号などの個人情報が含まれていた。社内規程では社内データの持出しは禁止されている。

1　どのようなケースが問題となるか

　このようなことがあった場合、真っ先に懸念されるのは、USBメモリが第三者の支配下に入り記録された情報が悪用されてしまうことであろう。顧客の氏名・住所・電話番号が悪用されて、ダイレクトメールの送付先として利用されたり、振り込め詐欺などの特殊詐欺の標的とされてしまったりすることや、それらによる二次的被害の発生が懸念される。社内的には従業員の懲戒処分、不法行為に基づく損害賠償請求や再発防止策の検討を要するばかりでなく、情報紛失により第三者に損害が発生した場合は、対外的な問題として、使用者責任に基づき損害賠償責任を負う可能性もある。また、紛失を隠蔽しようとして、その後事実が発覚した場合、よりいっそう根深い信用喪失を招く危険があろうから、当事者である会社にとっても最も被害が大きくなる危険があることを自覚し、決して隠すことなく、最大限の誠意をもって事故の対処にあたるべきである。

(1) 個人情報保護の問題

　会社が個人情報保護法上の「個人情報取扱事業者」に該当するのであれば、取り扱う個人データの安全管理措置義務や従業員に対する監督義務の違反について是正措置勧告や命令を受ける可能性があり、命令に違反すると6カ月以下の懲役または30万円以下の罰金に処せられる可能性がある。

　さらには、従業員がUSBメモリ紛失を招いた情報管理体制の甘さや欠如に対する関係者や社会の批判や不満が生じ、会社の社会的信用に傷がつき、顧客離れが発生するなどの影響も懸念される。紛失したUSBメモリにパスワードが設定されていなかったり、メモリ内の情報が暗号化されていなかったりすると、このような懸念が顕在化する危険は高まる。

　なお、「個人情報取扱事業者」とは、「個人情報データベース等を事業の用に供している者」（国の機関などを除く）をいう（個人情報保護法2条5項）。「個人情報データベース等」とは、「個人情報を含む情報の集合物であって、①特定の個人情報を電子計算機を用いて検索することができるように体系的に構成したもの」「②これに含まれる個人情報を一定の規則に従って整理することにより特定の個人情報を容易に検索することができるように体系的に構成した情報の集合物であって、目次、索引その他検索を容易にするためのものを有するもの」をいう（同条4項、同法施行令3条2項）。「個人データ」とは、「個人情報データベース等を構成する個人情報」をいう（個人情報保護法2条6項）。「個人情報データベース等」には、たとえば、①電子メールソフトに保管されているメールアドレス帳（メールアドレスと氏名を組み合わせた情報を入力している場合）、②インターネットサービスで、ユーザーが利用したサービスに係るログ情報がユーザーIDによって整理され保管されている電子ファイル（ユーザーIDと個人情報を容易に照合することができる場合）、③従業員が、名刺の情報を業務用PC（所有者を問わない）の表計算ソフト等を用いて入力・整理している場合、④人材派遣会社が登録カードを、氏名の

五十音順に整理し、五十音順のインデックスを付してファイルしている場合が該当する。

(2) 不正競争の問題

また、過失によるケースでなく、転売や私的利用などの目的のもとに従業員が不正に顧客名簿を持ち出すような故意に基づくこともありうる。不正目的での持出しや転売などが発覚し、不正に持ち出された情報が不正競争防止法上の営業秘密に該当する場合は、持出行為が「不正競争」に該当する可能性もある（同法2条4号）。営業上の利益を侵害されていたり、侵害されるおそれがあれば、その侵害者等に対して侵害停止・侵害予防を請求したり、顧客名簿自体の廃棄等を請求したりすることができるし（同法3条）、顧客名簿を不正持出しした従業員やこれを転得した名簿業者等の二次的な転得者や三次以降の転得者（これらの未遂犯を含む）の刑事責任（10年以下の懲役または2,000万円以下の罰金）を問う余地もあり（同法21条1項1号・2号・7号・8号・4項）、問題はより重大となる。

不正競争に該当する営業秘密に係る不正行為に対する差止請求権は、社会関係や法律関係の早期確定の必要性などから、3年間の短期消滅時効と20年間の除斥期間が規定されており（不正競争防止法15条）、損害賠償請求権についても、損害賠償請求の対象となる損害の範囲は差止請求権が時効または除斥期間により消滅するまでの使用による損害に限定される（同法4条）。もっとも、不正競争防止法に基づく損害賠償請求権が消滅しても、民法709条に基づく損害賠償請求を行うことができる可能性はある。

なお、不正競争防止法上の「営業秘密」とは、「秘密として管理されている生産方法、販売方法その他の事業活動に有用な技術上又は営業上の情報であって、公然と知られていないもの」をいい（不正競争防止法2条6項）、①秘密として管理されていること（秘密管理性）、②事業活動上に有用な技術上や営業上の情報であること（有用性）、③公然と知られていないこと（非公知

性）が要件となる。秘密管理性は、たとえば対象資料に「マル秘」と記載や記録がされていたり、格納場所へのアクセスを制限していたり、媒体に記録されていない情報（従業員の頭のなかに記憶されている情報など）でも営業秘密となる情報のカテゴリーをリスト化することなどにより、営業秘密を保有する事業者（保有者）が秘密性を認識するにとどまらず、従業員等が事業者の秘密管理意思を認識することが可能であること（事業者の秘密管理意思に対する認識可能性の確保）が必要である。また、有用性の認められる「事業活動上に有用な技術上又は営業上の情報」には、具体的には、製品の設計図・製法、顧客名簿、販売マニュアル、仕入先リスト等、財やサービスの生産、販売、研究開発に役立つなど事業活動にとって有用である情報を意味する。そして、「非公知性」とは、一般的には知られておらず、または容易に知ることができないことを意味するが、具体的には、情報が合理的な努力の範囲内で入手可能な刊行物に記載されていない等、保有者の管理下以外では一般的に入手することができない状態を指す。

2 調査は必要か

　個人情報の紛失や不正流出が発生した場合、個人情報の本人に直接的な影響や二次的被害が及ぶ危険がある以上、まずもって被害拡大防止や二次的被害発生防止を図り、被害を最小限に抑える必要がある。そのための適切な対策を講じる観点から、情報紛失事故の事実関係を把握し、これを裏付ける証拠を収集することが必要不可欠である。さらに、このようなケースが発生した場合には、会社が法的責任を問われる可能性がある以上、従業員ばかりでなく会社の法的責任の有無、範囲を明確にするため、事実関係や原因等を調査し、証拠を収集することが必要不可欠である。

　個人情報保護法20条は、「個人情報取扱事業者は、その取り扱う個人データの漏えい、滅失又はき損の防止その他の個人データの安全管理のために必要かつ適切な措置を講じなければならない」と定めているが、紛失した情報

がE-mailソフトに保管されているメールアドレス帳や、名刺情報を業務用PCの表計算ソフトを用いて入力整理している場合等の個人データである場合については、個人情報保護委員会が策定したガイドラインにより、①事業者内部での報告と被害の拡大防止、②事実関係の調査と原因の究明、③影響範囲の特定、④再発防止策の検討と実施、⑤影響を受ける可能性のある本人への連絡等、⑥事実関係と再発防止策等の公表について必要な措置を講じることが望ましいとされており、事実関係や再発防止策等について個人情報保護員会等に対する報告の努力義務も定められている。

　ガイドラインには法的拘束力はないが、情報紛失・漏えいに伴う被害拡大防止や二次的被害発生防止を図る観点からはガイドラインに沿った対応をとることは有用であるし、ガイドラインに沿った対応の有無は、会社の法的責任や社会的評価が決定されるうえでも勘案されうるので、ガイドラインに沿った実務対応が求められ、その一環として事実関係の調査は不可欠である。なお、業法等で監督当局への報告が義務づけられている場合もあることにも注意する。

3　調査では何を調べるか

(1)　考えられる初動

　このケースのように電車のなかに置き忘れたケースであれば、まずは応急処置として、可及的すみやかに、①鉄道会社の紛失場所の管理部門に連絡をし、USBメモリの入った鞄やUSBメモリ自体が紛失物として発見・回収されていないかどうかを確認し、②警察に遺失届をする。不正流出の場合には警察に被害を届け出る。

(2) 考えられる調査

　個人情報や営業秘密の紛失・漏えいが発生した場合の事実関係の調査にあたっては、5W1H（いつ（When）、どこで（Where）、だれが（Who）、何を（What）、どうして（Why）、どうやって（How））に基づきできるだけ詳細に事実関係を確認する必要がある。

　特に「何を（What）紛失、漏えいしたのか」については、①紛失したUSBメモリ自体の個数、メーカー、製品名、製品番号、色や形状などの特徴（不正持出しされた顧客名簿であれば、その冊数、外観など）、②記録・記載されていた情報の内容（だれのどのような情報なのか）、量（件数）、保存方法・管理態様（暗号化の有無、アクセスするためのパスワードの有無、保管場所、営業秘密としての管理の有無など）を可能な限り詳細に確認するべきである。

　そして、把握された事実関係に基づき、だれにどのような影響が生じる可能性があるかを検討したうえで、被害拡大防止と二次的被害発生防止の観点から、だれにどのような事実を連絡・報告・公表をするべきかを検討する。

　なお、事実関係の確認作業は、不幸にもUSBメモリや顧客名簿が発見・回収されていない場合だけでなく、幸運にもUSBメモリや顧客名簿が発見・回収されていた場合であっても行う。なぜならば、従業員がUSBメモリを紛失したり、顧客名簿が不正持出しされたりしてから発見・回収されるまでの間に情報流出してしまった可能性を否定しきれないし、USBメモリや顧客名簿が発見・回収された場合でも、発見・回収されなかった場合に準じて事実関係を確認したうえで、影響を受ける可能性のある本人への連絡、事実関係と公表の事後対応の要否を検討する必要があるからである。

4　調査結果を踏まえてどのように対応するか

(1)　影響を受ける可能性のある本人への謝罪と連絡

　このケースのように紛失した情報に個人情報が含まれる場合は、二次被害の及ぶ可能性のある本人に情報紛失の事実を連絡して謝罪し、二次被害の発生を回避してもらうよう注意喚起して対応を促す必要がある。

　このような本人への連絡は、被害拡大防止や二次的被害発生防止を図る観点からは、ほぼ例外なく必須である。また、この連絡をした際の本人の反応・言動、特に①謝罪受入れの有無、②二次被害防止に向けた協力的態度の有無、③クレームの有無・程度（問題収束の有無）、④そもそも連絡がとれたかどうかなどをあわせて記録することは、その後の本人への対応や、監督官庁への報告や社会への公表のあり方を考えるうえで有用である。

　なお、紛失した個人情報の件数、内容などに照らし、事故の規模や社会的影響の大きさによっては、被害者である本人に対する損害賠償を検討しなければならない場合もある。金額の目安は、過去の報道では1人当り500円、1,000円、5,000円、1万円といった金額が支払われているケースが散見され、1人当り慰謝料3万円と弁護士費用5,000円の合計3万5,000円の支払が命じられた裁判例もある。

(2)　再発防止策の検討と実施

　再発防止策の検討と実施も必須である。再発防止策を検討するうえでは、事実関係の調査結果とその原因究明結果を踏まえ、事案発生原因を未然に防ぐ対策を考えるべきである。すでに社内規程で社内データの持出しは禁止されていたのであれば、残念ながらその周知徹底が不十分であったといわざる

をえないから、社内研修などを通じて、従業員の教育・啓蒙に努める必要がある。また、紛失したUSBメモリのデータ保存方法について暗号化やパスワード設定による秘匿化が不十分であった場合は、秘匿性の高いUSBメモリを支給して義務づけるなど、万が一、重要な情報が保存されたUSBメモリの紛失が発生したとしても、情報流出の可能性を極小化する技術的な情報流出防止措置を講じることも検討する。

また、顧客名簿が不正に持ち出されたのであれば、顧客名簿の営業秘密としての管理方法が不十分であった可能性が高いので、保管場所へのアクセス権者を限定したり、アクセス権者がいつどの情報にアクセスしたかを「見える化」するようにするなど管理方法を見直したりするなどの対応を検討する。

(3) 事実関係と再発防止策の監督官庁への報告・対外的公表

個人情報取扱事業者が個人データを紛失した場合、ガイドラインで、その事実関係と再発防止策について、個人情報保護委員会等に対して、すみやかに報告する努力義務が課せられている。

もっとも、ガイドラインでは、報告を要しない場合の1つとして、「実質的に個人データ……が外部に漏えいしていないと判断される場合」があげられており、その例として、①個人データについて高度な暗号化等の秘匿化がされている場合、②個人データを第三者に閲覧されないうちにすべてを回収した場合、③個人データを識別することが漏えい等のケースを生じた事業者以外ではできない場合（ただし、漏えい等のケースに係る個人データのみで、本人に被害が生じるおそれのある情報が漏えい等した場合を除く）、④個人データの滅失・棄損にとどまり、第三者が漏えい等のケースに係る個人データを閲覧することが合理的に予測できない場合があげられている。そこで、これらに該当する可能性がある場合は、事実関係の調査結果を踏まえて報告の要否を個人情報保護委員会に相談するべきである。このような例外的場面に該当

しない限りは、努力義務とはいえ、原則として、事実関係の個人情報保護委員会等の監督官庁への報告は実施するべきである。

　対外的に公表するかは、事故の社会的影響の大小を勘案して考えるべきだが、たとえば、個人情報の本人の全員に連絡がつき、全員が謝罪を受け入れ、二次被害拡大防止に対する協力的姿勢を示し、クレームをいっさい述べていないというようなケースや、情報公開がかえって被害拡大を招きかねないような特殊なケース以外は、透明性を重視し、積極的に情報開示するべきである。

(4)　従業員の社内処分（懲戒処分）

　社内的な問題として、USBメモリを紛失した従業員の懲戒処分を検討する必要もある。処分内容として何が適当であるかはケース・バイ・ケースであるが、このような事故が発生する場合、多かれ少なかれ会社の情報管理体制にも落ち度があると考えられ、必ずしも従業員のみを責めるべきでないケースも多い。社内からのUSBメモリの持出しが禁止になっていたか否か、紛失した個人情報の件数、予想される社会的影響の内容、当人が紛失した回数などを踏まえ、処分内容が重きに失することのないように注意を要する。総合的な考察の結果、非違の程度が小さいのであれば譴責処分にとどまることもあろうし、非違の程度が大きければ減給などの処分もありえようが、解雇処分を選択できるのは一般的には相当に非違の程度が大きい場合に限定されるものと考えられる。

　他方、顧客名簿を不正に持ち出した従業員については、その持出し行為は、営業秘密である顧客名簿の記録された媒体（財物）を窃取したものとして、不正競争防止法上の刑事罰の対象となる限りは、一般的には普通解雇や懲戒解雇などの重い処分を選択できる場合が多いであろうが、個別ケースごとに解雇の有効性の検討は当然に必要となるので、被害金額や社会的影響などを考えて慎重に判断する必要がある。

5 報告書はどのようにまとめるか

調査報告書の項目立ての例をあげると、以下のとおりである。

第1 調査結果
　1　事故の概要、発覚の経緯
　2　調査方法（調査日時・期間、調査主体・客体、調査態様）
　3　調査の結果判明した事実関係
　　(1)　事故の経緯詳細
　　(2)　紛失した情報
　　(3)　二次被害の有無・可能性
　　(4)　事故原因
第2 法的評価
　1　対外的問題
　　(1)　被害者に対する損害賠償責任（使用者責任）の可能性
　　(2)　個人情報保護委員会等の監督官庁への報告の要否
　2　従業員に対する責任追及の要否、内容
　　(1)　懲戒処分
　　(2)　損害賠償請求
第3 対応方針（すでに実施した内容を含む）
　1　実施ずみの処置（鉄道会社・警察への届出等）
　2　影響を受ける可能性のある本人への連絡・謝罪
　3　監督官庁への連絡・報告・相談
　4　再発防止策
　5　事実関係・再発防止策の社内外への公表の要否
　　　（問合せ窓口の設置の要否）

6 経営トップに対してどのように報告するか

　このようなケースでは、会社のレピュテーションの低下を含め、会社がなんらかのダメージを被ることは不可避である。特に個人情報紛失事故が発生した場合の最大の被害者は情報の本人である。したがって、被害拡大防止・二次的被害発生防止を図ることが最優先とされるべきであり、その方針自体が会社の被るダメージを極小化する方向に働くものと考えられる。最悪の展開は、このような事故の発生を隠蔽し、後に内部通報や内部告発などを通じて、事故の存在が明るみに出ることであり、このような事態に至れば、会社の社会的信用は地に落ち、従業員の士気が低下するという事態に発展しかねない。

　このような最悪の展開を念頭に置けば、個人情報の紛失事故が発生した場合、およそ事故を隠蔽しようという発想は生じないはずであり、とにもかくにも被害拡大防止・二次的被害発生防止を図ることを第一として、そのために必要な処置を実行する判断するために必要なあらゆる情報をトップに報告するというスタンスが大切である。

（津田）

第3章

カ　ネ

3-1　会社経費の流用（横領）

　当社の専務は直属の部下と口裏合せして、本来は私的な飲食代を、接待交際費名目で領収書を会社に提出し会社から支払を受けている。経理担当者は専務の接待交際費に不自然な点があると感じていたが、専務の部下から、専務が経費を私的に流用していて、どのようにしたらよいのかとの相談を受けた。

1　どのようなケースが問題となるか

　このケースは、接待交際費としての飲食代について、会社の経費を役員が私的な使途で使っている疑いがもたれているものであり、会社の規模にかかわらずに、企業内で行われる不正行為としては比較的多く見受けられる。会社経費の流用行為としてはほかにも、たとえば、実際には行っていない出張の旅費申請を行って支給を受ける、いわゆるカラ出張や、まったく架空の飲食代金の領収書を作成して交際費名目での支給を受けるというような場合もある。

　経費の私的流用行為ということになれば、民事上では、役員であれば会社に対する会社法上の役員の損害賠償責任（同法423条1項）や、従業員であっても会社に対する不法行為による損害賠償責任等が生じる。また役員は、同法上、「いつでも、株主総会の決議によって解任することができる」（同法339条1項）とされているが、解任について正当な理由がある場合を除き、役員は、解任によって生じた損害の賠償を会社に対して請求することができるとされているので（同条2項）、このケースのような経費の私的流用が認

められれば、解任することの「正当な理由」になりうるものといえる。なお、どのような行為が正当な理由に該当するかについては、法令定款違反行為や心身の故障のために職務執行に支障がある場合、職務への著しい不適任などがあげられる。

　また、従業員であれば懲戒処分の対象になる。さらに、背任罪（役員の場合、特別背任）や詐欺罪を構成し、刑事責任を問われることもある。

2　調査は必要か

　このケースでは経理担当者が専務による経費の私的流用について疑いをもっているという段階にある。そして、当然のことながら、仮に経費の私的流用行為が存在するとした場合、それは企業内の秩序を乱す行為であることは明らかである。

　会社法上、役員を解任することは株主総会の決議でいつでも可能である。しかし、私的流用行為が解任事由として認められるかは、役員に対応する際の説明や態度に相当程度の違いが生じるし、解任についての「正当な理由」の有無にも大きく影響してくる。また、私的流用行為が明確に認められたような場合、株主総会を開催して解任する前に、自発的に役員が辞任するということも想定される。対象が従業員の場合でも、懲戒処分を行うかどうか、さらには会社からの損害賠償請求を行えるかどうかという点の検討に際して、このケースの事実関係の調査は必要になる。

　また、仮に経費の私的流用とまでは認められないとしても、ケースによっては社内規程違反になる可能性もある。

　したがって、専務に対する対処方針を決めるうえで、疑いが生じた場合に、調査を行うことは必要である。

3 調査では何を調べるか

　経費の私的流用が疑われる場合の調査対象は、①経費の支出自体が存在するのか、②仮に支出が存在するとしてその支出が業務に関連するものかどうかである。

(1) 経費の支出自体が存在するのか

　そもそも①が認められなければ、私的流用というよりも、架空の経費請求ということになる。経費の支出自体が存在するかどうかは、領収書の体裁に不審な点はないか（役員の筆跡となっていないかなど）、領収日に不審な点はないか（たとえば、休日に得意先を接待している、日付空欄の領収書を利用し店舗の休業日に接待をしたことになっている、役員のスケジュールから別の予定が入っている日時に接待を行っていることになっているなど）も調べる必要がある。店舗で本当に当該日に飲食が行われたのかどうかについては、飲食店から聴取を行うということも考えられる。もっとも、架空の経費計上に店舗側が協力をしている（店舗が役員と懇意）こともありうるため、店舗からの聴取等によって、調査を行っている事実が役員に伝わってしまう可能性があることには留意が必要である。

(2) 支出が業務に関連するものかどうか

　また支出自体は存在するとして、②のように支出が業務に関連するものであるかを調査する必要がある。接待交際費であれば、だれを接待したのかという点が重要なポイントとなる。接待交際費を社内で申請する際に、だれを接待したのかを申告させるケースも多いと思われるが、申告された人物に対する接待がそもそも実際に行われたのかどうかを確認する必要がある。たと

えば、役員の自宅に近い飲食店での接待が頻発しているような場合、本当に接待に利用したのか、役員が私的に利用をしただけではないかなどの疑いが生じる。最終的には接待先との関係性も考慮しながら、接待の対象者からの反面調査を行うということも考えられる。

また、接待した事実は認められたとして、その接待が会社の業務に関連するものかどうかも調査する必要がある。

4 調査結果を踏まえてどのように対応するか

(1) 方針の検討

調査した結果、役員による経費の私的流用が明らかになれば、まず役員に対してどのような対応方針で臨むのかを社内で検討する。検討には法的判断を多分に含むので、顧問弁護士などを交えた慎重さを要する。調査によって得られた証拠の強弱、認定された事実の確からしさ、訴訟になった場合の勝訴の可能性や紛争に至った場合の影響の度合い等の事情を考慮して対応方針を検討する。

(2) 役員の地位

役員としての地位を維持させることは適当ではないとの対応方針に至った場合、株主総会決議による解任という方法が考えられる。もっとも、株主構成によっては臨時で株主総会を開催することが困難もしくは相応しくない場合もあるし、また解任の場合には、「正当な理由」が存しなければ役員から損害賠償を請求されるリスクもある。したがって、実務的には、調査結果を役員に示し、自発的な辞任を促すという方法も考えられる。役員との面談の際は、後に、強制的に辞任をさせられたなどと主張されて紛争になるケース

も見受けられるので、手続の正当性を後に担保するためにも、面談時の録音・録画等を行っておくことが望ましい。

(3) 損　　害

調査の結果で認められた私的流用された経費については、会社に対する損害として、役員に賠償を求めることが考えられる。なお、任意による支払がなされない場合には、訴訟等による法的手続をとることを検討する必要がある。

5　報告書はどのようにまとめるか

経費の私的流用のケースでは、個々の経費申請の適否を検討する必要があるため、報告書もそれぞれの個別の経費ごとに、私的流用と認められるのかどうか、を認定していく。たとえば、「明確に私的流用と認められたものを○」「私的流用が疑われるが明確な証拠がないものを△」「私的流用の可能性の低いものを×」などとして、報告を受けた経営者などが正確に状況を把握できるように報告書の記載を工夫するべきである。また、流用行為を行ったのが役員の場合、解任についての「正当な理由」の成否に関する調査委員会の見解を記載することも考えられる。報告書の項目立てをあげると、以下のとおりである。

第1　調査の概要
　1　調査委員会設置の経緯
　2　調査目的
　3　調査体制
　4　調査期間
　5　調査方法

第2　発覚の経緯
第3　調査結果（判明した事実関係）
　1　経費の流用が疑われる行為
　2　上記支出行為についての流用の認定について
第4　法的評価等
　1　善管注意義務違反等について
　2　取締役解任について「正当な理由」の成否について
　3　刑事上の責任について
第5　不正行為の発生原因
第6　再発防止策

6　経営トップに対してどのように報告するか

　経費の私的流用は発生しがちな不正行為であり、放置してこのような行為が横行すれば、企業内の秩序が保てないばかりか、会社に多大な損害を与えることにもつながる。経営トップに対しては、不正行為について毅然とした態度で臨むべきことを進言するべきである。また、仮に社内の制度に不備ないし不十分な点があり、これによって私的流用が発生していると認められるような場合、再発防止に向けた制度の改善についても同時に進言をするべきと考えられる。

（倉橋）

3-2 取締役による不正委託

当社の下請企業の選定の際「ある取締役が自らの親族を役員とする会社を選定し、実際はさらに孫請させて利益を得ている」という内部通報があった。

1 どのようなケースが問題となるか

このケースは、本来であれば直接に第三者の下請企業に発注すれば足りるにもかかわらず、自らの利益を得るために、あえて親族を役員とする会社を下請企業に選定し、一定の利益を抜いたうえで、第三者の孫請企業に発注する行為である。会社にとっては本来であれば負担する必要のない金銭的な負担を負っている。そのため、このような行為は、取締役としての任務懈怠に該当し、それによって会社に生じた損害（すなわち、より高い金額での発注を行ったことによる損害）は、取締役がこれによって生じた損害を賠償する責任を負うことになる（会社法423条1項）。

また、このような行為を取締役が行った場合、「自己若しくは第三者の利益を図る……目的で、その任務に背く行為をし、当該株式会社に財産上の損害を加えた」として、特別背任罪（会社法960条1項）にも該当しうる行為である。

2 調査は必要か

仮に背任的行為が存在するとした場合、それは企業内の秩序を乱す行為で

あることは明らかである。

　会社法上、株主総会の決議で役員を解任することはいつでもできる（会社法339条1項）。しかし、解任についての「正当な理由」がない場合、解任された役員は、会社に対して解任によって生じた損害を賠償請求できることになる（同条2項）。なお、「正当な理由」に該当する行為としては、法令定款違反行為や心身の故障のために職務執行に支障がある場合、職務の著しい不適任などがあげられる。背任的行為が明確に認められれば、株主総会による解任前に、自発的に役員が辞任するということも想定されるが、会社から役員に対して損害賠償請求を行えるかどうかを検討するためにも、事実関係の調査は必要である。また、解任についての「正当な理由」が存在するかを判断するためにも、調査を行う必要がある。

　また、このケースでは内部通報がきっかけだが、書面（電子的方式等を含む）によって内部通報が行われたにもかかわらず、20日を経過しても会社が正当な理由なく調査を実施しない場合には、公益通報者保護法3条3号ニのいわゆる外部通報（「当該通報対象事実を通報することがその発生又はこれによる被害の拡大を防止するために必要であると認められる者に対する公益通報」であり、マスコミ等の報道機関に対する通報などのことを指す）を行った者についての不利益取扱いの禁止の規定が適用される要件となることにも注意が必要である（同法3条3号ニ、5条参照）。

3　調査では何を調べるか

　このケースでは内部通報がきっかけなので、調査にあたっては、通報者からの詳細な聴き取りを実施する。そのうえで、関係する社内資料、関係者からの事情聴取を行い、証拠集めを図る。

　調査すべき具体的なポイントは、①下請企業が本当に役員の親族が経営する企業であるか等の事実関係の調査、②下請企業が選定されるに至る経緯がどのようなものであったか、役員の関与の有無、金額の決定過程、③孫請企

業に直接発注をすることの可否、可能であるとすれば直接発注をしなかった理由の存否、などを中心に調査を行っていく。

なお、①について、役員との親族関係の有無のみならず、下請企業の株主がだれであるか等も調査を行うことが望ましい。通常は企業の株主がだれであるかは外部からは判明しないが、法人の設立時の法務局における申請書類などを利害関係者として閲覧できる場合があり、これによって設立時の出資者が判明することもあるため、そのような手段も検討をするべきである。

また②、③の調査では、必要に応じて、孫請企業の関係者に対する事情の聴取も検討する必要がある。ただし、孫請企業は、役員と密接な関係性にあることも考えられるため、調査を実施している事実や調査内容が役員に知られてしまう可能性があることには留意が必要である。

4 調査結果を踏まえてどのように対応するか

(1) 方針の検討

役員による背任的行為が存在したと認められた場合、まずは役員に対してどのような対応方針で臨むのかを社内で検討する。検討には法的判断を多分に含むので、顧問弁護士などを交えた慎重さを要する。調査によって得られた証拠の強弱、認定された事実の確からしさ、訴訟を行った場合を想定した勝訴の可能性や紛争に至った場合の影響の度合い等の事情を考慮して対応方針を検討する。

(2) 役員の地位

役員としての地位を維持させることは適当ではないとの対応方針に至った場合、株主総会決議による解任という方法が考えられる。もっとも、株主構

成によっては臨時で株主総会を開催することが困難もしくは相応しくない場合もあるし、また解任の場合には、「正当な理由」が存しなければ役員から損害賠償を請求されるリスクもある。

　したがって、実務的には、調査結果を役員に示し、自発的な辞任を促すという方法も考えられる。役員との面談の際は、後に、強制的に辞任をさせられたと主張されて紛争になるケースも見受けられるので、手続の正当性を後に担保するためにも、面談時の録音・録画等を行っておくことが望ましい。

(3) 契約の解除

　背任的な行為が認められたら、下請企業との契約を解除することが必要になる。解除の可否については具体的な契約条項によることになるが、仮に契約条項上、直ちに契約解除を行うことができずに会社としての損害が増加するような場合、損害も含めて役員に対して損害賠償請求を行うこととなると考えられる。

(4) 損　　害

　背任的行為によって、本来負担する必要のない支払分（このケースでは、下請企業の取り分に相当する金額）については、会社に対する損害として、役員に賠償を求めることが考えられる。なお、任意で支払がなされない場合には、訴訟などによる法的手続をとることを検討する必要がある。

5　報告書はどのようにまとめるか

　報告書では、役員の処遇を判断するためにも、事実認定するために証拠が十分であるのか、足りていないのかなどの正確な記載に努めるべきである。

なお、報告書を作成する際、内部通報者の氏名等の秘匿を図る観点からも十分に注意する必要がある。報告書の項目立ては以下のとおりである。

第1　調査の概要
　1　調査委員会設置の経緯
　2　調査目的
　3　調査体制
　4　調査期間
　5　調査方法
第2　発覚の経緯
第3　調査結果（判明した事実関係）
　1　不正行為の内容
　2　不正行為の関与者
第4　法的評価等
　1　善管注意義務違反等について
　2　取締役解任について「正当な理由」の成否について
　3　刑事上の責任について
第5　不正行為の発生原因
第6　再発防止策

6　経営トップに対してどのように報告するか

　このケースのような背任的行為は企業秩序を乱す行為であり、会社に損害を与える行為である。したがって、断固とした態度で臨むべきことを報告に際しても念頭に置くべきである。また、対象者が取締役であるということも踏まえ、対応方針については経営トップの意向も十分に反映させる必要があると考えられるが、その際に経営トップとしての判断に資するよう、証拠の

強弱、事実認定の確からしさについては、正確な判断ができるような報告に努める必要がある。

(倉橋)

3-3 個人的キックバックが税務調査により発覚

　税務調査が入り「取引先に対する経費が過大であり重加算税の対象になる」という指摘を受けた。税務職員によれば「取引先の担当社員が、取引先と共謀して水増し請求や架空請求をさせて、当社が水増しして支払をしていて、その後その社員はキックバックを個人的に受けている」とのことだった。

1　どのようなケースが問題となるか

　下請業者等の取引先に対して水増し請求や架空請求をさせたうえで、水増し分や架空分についてキックバックを受けるというのは、古典的な不正行為である。

　下表は、このような類型の不正行為が問題となった近時の裁判例や第三者調査委員会等による調査がなされた事案を整理したものであるが、実に多種多様な業種で行われていて、また、実行者の所属部署や役職に応じて手口もさまざまである。

No.	業種	不正行為者の役職等	手口の概要	判決日
1	メーカー	技術管理部標準担当グループ長（購買承認権者）	業務委託契約先と共謀し、架空の図面作成業務の発注をして架空請求させ、架空分から合計約1億5,000万円のキックバックを受けた。	横浜地裁平成28年3月15日判決

2	プラント建設	管理課長	連結子会社に対してプラント建設の水増し請求や架空請求をさせ、かつ、当該連結子会社の下請業者にも水増し請求や架空請求をさせ、連結子会社に下請業者からキックバックを受けさせ、かつ、自己が連結子会社からキックバックを受けた。	株式会社高田工業所第三者委員会「調査報告書」（平成28年7月3日）
3	土木建築	支店長	下請業者に請負代金を水増し請求させ、支店長が管理するダミー会社の預金口座に外注費として入金させてキックバックを受けた。	東京地裁平成24年5月31日判決
4	建設	支店長	部下複数名に対して協力会社に工事代金の架空請求をさせて裏金をつくるよう指示をし、協力会社をして工事代金の架空請求をさせたうえで、協力会社からギフトカードや商品券でキックバックを受けた。	東京地裁平成15年8月11日判決
5	不動産販売	広報企画部	複数の印刷業者（発注先）の担当者と共謀して、印刷物について水増し請求や架空請求をさせ、バックリベートを受けた。	東京地裁平成19年1月18日判決
6	地方銀行	総務部長（工事契約の締結事務担当）	銀行が発注する寮の保護工事について建設会社に水増し請求をさせ、バックリベートを受けた。	大分地裁平成20年9月10日判決
7	道路建設	営業所の従業員	警備員の人数・ダンクトラップの台数について警備員派遣会社・運送業者に水増	東亜道路工業株式会社「調査委員会の調査報告書受領

第3章 カ ネ 147

			し請求をさせ、一部についてキックバックを受けた。	に関するお知らせ」（平成28年12月12日）
8	設備装置	SD（Sales Division）長	装置設備の現場据付・調整工事について下請業者に水増し請求をさせ、一部についてキックバックを受けた。	椿本興業株式会社社内調査委員会「調査報告書」（平成25年5月8日）
9	鉄道	営業所従業員	発注先（子会社）に対する設備工事の発注前後に、発注先の各下請業者にコストダウンを求めることによって発注先の粗利益を増加させる一方、増加した粗利益に見合う金額にて、一次下請業者に対して架空・水増し発注を行い、一次下請業者からさらに、特定の二次下請業者に対して架空・水増し発注を行わせた後、二次下請業者から、キックバックを受けた。	西日本鉄道株式会社外部調査委員会「調査報告書（要旨）」（平成27年3月3日）
10	物流	センター長	実体のないセンター内の雑草の手入れと倉庫内の清掃業務を発注し、作業料の一部からリベートを受けた。	株式会社ハマキョウレックス「当社元従業員による不正行為に係る調査結果について」（平成25年7月26日）

　このような行為は、刑法上の詐欺罪や背任罪などに該当しうる行為である。また、不正行為を行った社員は、関連資料（領収書や口座残高明細書など）を偽造することが往々にしてあるため、このような行為が文書偽造罪などの別の犯罪を構成することもありうる。

2 調査は必要か

　取引先に水増し請求をさせたうえで個人的なキックバックを受ける行為は、発注権限や支払権限を有している人物が行うなど相応の役職にある者によるケースが多い。また、1回で高額のキックバックを受けるよりも、発覚を回避するため、少額を複数回にわたってキックバックを受けることが往々にしてある。さらに取引先を巻き込んで行われるという点で悪質性の高い行為である。

　また、本来は水増し請求・架空請求分の代金を支払う必要がないにもかかわらず、代金支払義務があるかのように誤信させて金銭を取得するという意味で会社に対する詐欺罪（刑法246条1項）や、自己の利益を図るために権限を濫用して、会社のために誠実に事務処理をすべき任務に違背して会社に水増し・架空請求分の代金を余分に支払わせたとして、背任罪（同法247条）に該当する可能性がある。仮に実行者が部長などの「事業に関するある種類や特定の事項の委任を受けた使用人」であったり、取締役であったりした場合には、特別背任罪（会社法960条1項）が成立しうる。

　さらに、会社名義の架空の発注書を作成して取引先に提出した場合には、有印私文書偽造罪（刑法159条1項）が成立しうる。

　以上のように水増し請求をさせたうえで個人的なキックバックを受ける行為は、刑事罰にも該当しうるものであり、社内外において相応の影響力がある可能性が高い類型の事案であるといえる。そのため、特段の事情がない限り、調査をするべきであろう。

　なお、重加算税の対象となる仮装・隠蔽には、帳簿や原始記録などの破棄・隠匿や、帳簿書類の改ざん、虚偽記載、相手方との通謀による虚偽の証票書類の作成などが含まれ（国税庁長官『法人税の重加算税の取扱いについて（事務運営指針）』）、たとえ従業員による行為でも、行為者の地位・権限・責任・経営参画の度合い、不正行為の態様や回数・金額・組織性の程度などを

考慮して、法人による仮装・隠蔽とみなされて、法人に重加算税が課されることがあることには留意が必要である。

3 調査では何を調べるか

(1) 調査主体

まず、だれが調査を行うのかである。このような行為は、一定の権限を有する者によることが多く、長期間にわたって行われる可能性が高い。取引先を巻き込んでいるとしたら、厳格な対応が求められることになる。

調査の目的は、行為の全容を解明し、原因を調査し、再発防止策を策定することにある。さらに、行為によって評価を下げた会社の評判・信頼を回復することも目的の1つである。このケースでは取引先を巻き込んだ不正行為であり、取引先にも調査を行う必要性が高く、会社の評判・信頼に対する影響力は計り知れない。これを回復するためには、調査を徹底的に行い、再発防止に向けて真摯に検討しているという姿勢をみせることも重要である。そのため、弁護士などから構成される第三者調査委員会を設置するなどして、不正行為の全容解明に全力であたっている姿勢をみせることが考えられる。

(2) 調査対象

行為を行ったとされる者が担当している取引は、すべて個人的キックバックを受けている危険性が否定できないので、調査対象とすべきであろう。それ以外の取引については、たとえば、担当者個人の資質や事情のみに起因するものではなく、組織的・構造的要因が疑われる場合には、「全取引」を対象にすることも検討すべきである。

(3) 調査手順

ア　証拠の保全

　まず証拠を保全する。調査開始が開始されたことを不正行為者が感づいてしまった場合、関連証拠（領収書、請求書、メール、FAXなど）を隠匿される可能性が高いからである。なお、キックバックを受けている従業員に対して自宅待機の業務命令を発して、証拠から遠ざける措置を講じたほうがよい場合もあろう。

イ　客観的証拠の収集

　水増し請求・架空請求をさせたうえでキックバックを受けるという態様の不正行為の場合、会社からの発注書、これに対応する取引先からの見積書・請求書などが客観的な帳票として残っている。もっとも、不正行為者は、会社も欺く必要があるため、このような外形的な帳票それ自体は、各書類間で整合性がとれるようにうまく細工されていることが往々にしてある。そのため、発注書、見積書・請求書だけでは不正行為の端緒を掴むことはむずかしい場合が多い。

　これに関して、たとえば、鉄道会社のケースの外部調査委員会では、過去約5年度分の下請業者等に対する発注データを下請業者等別に整理したうえで、比較的小規模な会社であるにもかかわらず多額の発注を受けている下請業者等について、具体的な発注内容や発注理由等を確認するという調査を行っている。

　こういった過去のデータを分析して、不自然なデータがないかをチェックするという調査手法を行うことも考えられる。

　また、たとえば、①のNo.1の横浜地裁判決では、「税務対策用の裏金を調達する方法として、別の会社名義の口座にいったん金員を振り込ませてほ

しいという趣旨のメール」や「発注する品名、金額等を記載した業務委託先に対するメール」がキックバックの重要な証拠としてあげられている。

このように、不正行為者のメールには、不正の根拠となるものが残されていることが多い。そのため、会社から従業員に対して貸与したパソコンや携帯電話に残っている過去のメールや、サーバーに残っている過去のメールなどを調査することが考えられる。

ウ　周辺者や社外の協力者へのヒアリング

客観的な証拠を収集したうえで、事実関係を把握している可能性がある人物に対するヒアリングを実施する。その際、社外の協力者（下請業者や業務委託先の会社などの従業員）にもヒアリングをする。これらの周辺者や社外の協力者へのヒアリングを踏まえ、さらなる客観的証拠を収集したうえで、不正行為者に対するヒアリングを行うという流れが考えられる。

このように、周りを固め、さらに客観的証拠をそろえたうえで、不正行為の実行者のヒアリングをすることで、実行者が言い逃れをすることを回避し、より実態解明に資することが可能な場合が多いであろう。

(4)　調査のポイント

水増し請求をさせてキックバックを受けるという行為は、多種多様な手口でなされ、同じ行為者であっても、必ずしも常に同様の手口を用いるわけではなく、不正の発覚を免れるために手口を変化させることも往々にしてある。そのため、ある1つの類型を確認しただけで満足することなく、ほかにどのような不正の手段がありうるであろうかということを常に念頭に置きながら、客観的証拠の収集や、関係者へのヒアリングを行うことがポイントである。

4 調査結果を踏まえてどのように対応するか

(1) 是正措置

　水増し請求をさせてキックバックを受けるという行為は、詐欺罪や背任罪、特別背任罪に該当しうる行為であるが、調査によって明らかとなった事実を踏まえて、就業規則上のいかなる懲戒事由に該当するかを確認し、いかなる懲戒処分が相当であるかを検討する。

(2) 再発防止措置

　再発防止策としては、たとえば、人事ローテーションの適正な実施、業務フローの見直し、現場での状況や不正行為の疑いを本社・支店に報告させる機能の強化、監査機能の強化などを行うことが考えられる。

(3) 刑事告訴

　水増し請求をさせてキックバックを受けるという行為は、刑事罰にも該当しうる行為であるため、刑事告訴の対象とすることも考えられる。刑事告訴を行うことで、不正行為に対して会社としても毅然とした、かつ断固とした対応をとっている姿勢を社内外に示すことで、対外的な信頼回復や対内的な統制の確保といった効果をねらうことも考えられる。
　もっとも、刑事告訴をして実際に刑事事件として立件された場合、報道や捜査によって対外的に広く知られることとなる可能性が高く、不正行為の内容が広く知れ渡ることによって会社の社会的評価が低下してしまうおそれもある。

そのため、刑事告訴を行うか否かは、事案の重大性や影響力などを考慮したうえで判断をするべきであろう。

5 報告書はどのようにまとめるか

報告書にまとめる場合、まずは具体的な手口を丁寧に認定するべきである。一口に水増し請求といっても、具体的にだれが、だれに対して水増し請求をさせ、またその発覚を防ぐためにどのような対策をとっていたのかなどを具体的に明らかにするとともに、多少でも手口が異なる点があれば、それを報告書上も明らかにするべきである。なぜなら、具体的な手口を明らかにすることで、具体的に業務フローのどこに「穴」があったか、その「穴」を埋めるためには具体的にどのような対策を講じればよいのかがわかる。

調査報告書の項目立ての例をあげると、以下のとおりであるが、不正行為の手口が複数発見されたことを前提に、判明した不正行為の具体的な内容を(1)～(3)などとして細分化して記載をすることもある。

第1　調査の概要
　1　調査委員会設置の経緯
　2　調査目的
　3　調査体制
　4　調査期間
　5　調査方法等
第2　調査の結果判明した事実
　1　判明した不正行為の概要
　2　不正行為の具体的な内容(1)
　3　不正行為の具体的な内容(2)
　4　不正行為の具体的な内容(3)
　5　その他の不正行為

第3　調査で判明した不正行為の金額
　第4　関与者の処分
　第5　不正行為の発生原因の分析
　　1　主観的・属人的原因
　　2　制度的・組織的原因
　第6　再発防止策
　　1　主観的・属人的原因に対する対応策
　　2　制度的・組織的原因に対する対応策

6　経営トップに対してどのように報告するか

　取引先を巻き込んで私腹を肥やすという行為は、社会的にも強い非難を受けうる行為である。経営トップとしては再発防止に向けて確固たる意思をもって取り組むべきであることを伝えるべきである。

（横瀬）

3-4 不合理なリベート

当社では一定の条件を満たした取引先に奨励金（リベート）を支払うことがあり、営業部長の承認を得て決定されるが、ある取引先で特別に取引先に有利な条件が設定されていて、リベートを支払うと当社に利益が残らないことが発覚した。

1 どのようなケースが問題となるか

メーカーなどでは、販売会社に対し、一定の売上げ（納入した自社製品・商品を、一定数量以上販売してくれること）を達成することを条件に「販売奨励金」（いわゆるリベート）を支払う約束をしていることがしばしばある。リベート自体は実務上よくみられる取引条件の1つであり、それ自体が直ちに問題となるものではないが、その条件の設定や運用によっては社内不正の手段ともなり、要因ともなりうる。

典型的なのは、営業担当者が、取引先に対し過大なリベートが支払われるよう取り計らい、そのリベートの一部を取引先から個人的にキックバックとして受け取るというケースである。

また、個人的なキックバックがないにもかかわらず、取引先に対し過大なリベートが支払われるよう取り計らうという事態もある。たとえば、営業担当者の社内評価が、取引先に対する売上げに大きく依存しているような場合である。このような場合、営業担当者としては、（場合によっては、会社の利益を度外視しても）担当取引先に対する売上げを伸ばしたいという動機が働く。そのために、過剰なリベートを提供してでも、担当取引先との取引を維

持拡大したいというケースは往々にしてありうる。また、単に営業担当者の交渉力に問題があり、取引条件の交渉にあたって譲歩に譲歩を重ね、いつの間にか「当社に利益が残らないようなリベート条件」を飲まされていたなどというケースもみられる。

2 調査は必要か

　一般には、「キックバックを受けていなかった」ことが最初からはっきりしているわけではないし、もし「キックバックを受けていた」のであれば不正としても重大であるから、設問のようなケースでも事実関係の調査は必要なのが一般であろう。

　問題は調査の範囲ないし対象だが、少なくとも、営業担当者が担当している取引はすべて不適切リベートの危険性が否定できないと考え、調査対象とすべきであろう。それ以外の取引については、たとえば、営業担当者個人の資質や事情のみに起因するものではなく、組織的・構造的要因が疑われる場合には、「全取引」を対象にすることも検討すべきである。

3 調査では何を調べるか

(1) 具体的リベート条件

　「ある営業担当者が担当している取引」全部を調査範囲とした場合を例にとると、まずは、調査範囲に属する各取引について、いかなるリベート条件が設定されているかを一つひとつ確定していくことから着手すべきこととなる。

　通常は、相手方取引先との基本契約や覚書等の書面のかたちで合意されているのでそれらの書面を確認すればよいが、書面にない口頭等での特約がな

いかも確認する必要がある。関係者間のメール、FAX等のやりとりの内容も精査する。最終的には、疑いのある営業担当者や周辺者からのヒアリングも必要になる。

(2) リベート条件の社内ルール適合性

次に、そのリベート条件が社内規則などにのっとったものであるかを検討する。リベート条件が、「内容において」社内規則に合致したものであるかという側面と、「手続において」合致したものであるかという側面の、二方面から行う必要がある。

「内容において」について、「どのような条件のリベートなら設定してよいか」を社内ルールであらかじめ定めている（明文化している）会社はあまり多くないだろう。そのような場合、条件の「合理性」そのものを検討するほかはないだろう。このケースでも、特定の取引先について「当社に利益が残らない」という意味で「不合理」であったことを問題にしている。

「手続において」とは、主として、「そのリベート条件の決定の手続」が社内規則に適合し、適正であったかどうかを指す。つまり、リベート条件の提示・合意が、どのレベル（課長、部長、本部長、社長……）の承認を得てなされたものなのかということと、その承認者が、社内規則（稟議規則や決裁基準など）のうえで、そのような承認をする権限を与えられている者であったかということの確認・調査である。

(3) 原因調査

具体的リベート条件やリベート条件の社内ルール適合性の調査を経て、リベートが、「いかなる意味で」問題なのかが明確になったことを踏まえ、そのような「不適切リベート条件」がどのような理由・動機で合意されたのかを調査する。もっとも、実際には、調査は並行的に行われる場合が多いであ

ろう。

　調査手段としては、関係者間のメール、FAX等の精査のほか、営業担当者や周辺者からのヒアリングによることとなろう。ただし、ヒアリング対象者の供述は、具体的リベート条件やリベート条件の社内ルール適合性の調査で明らかになった事実関係や、その過程で収集された資料と照らし合わせ、その真実性を慎重に吟味しなければならない。

　なお、特に当社従業員に個人的な利得が認められない場合、当社にとって著しく不利なリベート条件は、取引先からの要請・押付けに起因するものである可能性がある。そのような場合には、取引先の行為が下請法で禁止している「不当な経済上の利益の提供要請」（同法4条2項3号）に該当しないかを検討する必要がある。

4　調査結果を踏まえてどのように対応するか

　主として、「原因・動機」の内容・悪質性によって、対応が変わってくると思われる。

(1)　悪質性が大きい場合

　典型的には、営業担当者等が相手方取引先から個人的なキックバックを受け取っていたことが判明したような場合である。

ア　懲戒処分など

　多くの会社では、「取引先に対し金品の利益を要求し、または受領する等の行為」などを明文化して、就業規則上の懲戒事由と定めているものと思われる。受領した金額や行われていた期間の長さなど事実関係によっては、懲戒解雇の可能性まで含めて、適切な懲戒処分を検討すべきこととなる。

　処分の対象者が営業担当者（のみ）になるか、承認した上司等に及ぶか

は、事実関係次第であろう。

イ 損害賠償請求など

また、不適切なリベートの設定によって会社が利益を得る機会を失ったといえる場合、逸失利益相当額は会社に生じた損害になり、不適切なリベートを設定した者に対し、民事上の損害賠償を請求することも考えられる。

ただし、損害の発生や因果関係の立証に困難が伴うことも予想されるので、請求の可否・方法やタイミングについては、外部専門家のアドバイスを受けるなどしつつ、慎重に検討すべきである。

ウ 刑事責任の追及

また、このような行為は背任罪（刑法247条）に該当する可能性がある。さらに、仮に実行者が「事業に関するある種類または特定の事項の委任を受けた使用人」である部長や取締役であった場合には、特別背任罪（会社法960条1項）も成立しうるので、刑事告訴を検討する余地もあろう。

ただし、告訴を受理させるためには会社側でも相当の手間・費用を要するし、そこまでしても最終的に受理に至らない可能性も相当程度高い。告訴が受理され刑事訴追がされたとしても、会社の損害が回復されるものではないので、刑事告訴は決して得策ではない場合が多いように思われる。もっとも、会社の損害額が大きく、刑事告訴しなければ社内的にも示しがつかない場合や、他方で、本人の資力からして返せるはずなのに、返そうともしないで逃げている場合のように、悪質性が特に強い事例では、告訴を積極的に検討すべき場合もあろう。

エ 取引先対応

不適切リベートの相手先となった取引先との今後の関係をどうするかも検討を要する。

個人的キックバックの振込みは直ちに止めてもらうとして、それ以外の、

いわば正式な（会社と会社との間の有効な合意に基づく）リベート条件については、直ちに履行を拒絶する理由がない場合もありうる。リベート条件を（当方側にとって合理的な条件に）改定するよう求めた場合、取引を縮小され、ひいては打ち切られる可能性がある場合もあろう。リスクを踏まえると、当面、（少なくとも一定の範囲で）リベート条件を履行し続けるという選択をせざるをえない場合もあろう。

ただ、翻って考えれば、取引先は当社の従業員に個人的キックバックを支払っていた、いわば「共犯者」なのであり、順法意識や誠実性・公正性に著しく劣る企業であることが明らかである。そのような企業との取引は長期的にみて決して有益ではないと判断し、短期的には一定の損失を被るとしても、この際取引関係を解消するか、あるいは、取引関係が解消されてもやむをえないという覚悟で、取引条件の全面改定に臨むという方針も十分に合理的である。高度な順法意識と誠実性・公正性に裏付けられた経営という観点からは、むしろそのほうが正論であるともいえよう。

いずれにせよ、取引先との今後の関係は、全社的な営業戦略・経営方針という視点も踏まえて決定すべき困難な課題であるといえる。

(2) 悪質性が大きいとはいえない場合

キックバックの受領がない場合や認定できない場合は、一般的にいって行為の悪質性が大きいとはいいにくいと思われる。

ア 懲戒処分など

懲戒処分の可否については、就業規則上の懲戒事由に照らして判断することとなる。明文上、該当する懲戒事由が規定されている場合はそれによることができるであろうが、通常は、「その他会社に損害を与える行為があったとき」などの一般的・抽象的な項目に該当する程度であろう。もちろん、会社の利益機会を喪失させ、その意味で会社に損害を与えているなら、就業規

則上のなんらかの規定により懲戒事由に該当する場合が多いであろうが、処分の内容は、相対的には軽いものとなる。

イ 損害賠償請求など

損害賠償請求の可否は、直接的にはキックバック受領の有無と関係しないので、キックバック受領がない場合でも検討の余地がある。ただし、損害の発生や因果関係の立証に困難が伴うことが予想され、請求の可否・方法やタイミングについて慎重に検討すべき要請も変わらない。

ウ 刑事責任の追及

背任罪は、必ずしも行為者に利得があることを成立要件とはしていないので、キックバックを受けていないことにより刑事告訴の可能性がなくなるわけではない。ただ、告訴受理のハードルがさらに高くなることは否めないので、あえて会社として刑事告訴に踏み切ることは考えにくい。

エ 取引先対応

不適切リベートの相手先となった取引先との今後の関係をどうするかという、全社的な営業戦略・経営方針と関連する困難な課題がある。

なお、当社従業員にキックバック等の個人的な利得が認められない場合には、不適切リベートは、取引先による「不当な経済上の利益の提供要請」（下請法4条2項3号）によるものである可能性がある。調査の結果、取引先による下請法違反が明らかになった場合、またはその疑いが濃厚である場合には、公正取引委員会への通報・相談も検討すべきである。

(3) 対外的なアナウンスの要否

(1)(2)を通じて、調査の結果ないし経過を積極的に対外アナウンスする必要は、基本的には乏しいと考えられる。対外的なアナウンスによるメリット

や、アナウンスしないことによるデメリットが、一般的には乏しい。

5 報告書はどのようにまとめるか

　このケースでは、調査結果を報告書にまとめる場合、まず、最初に問題取引が発覚した経緯から説明するというものが考えられる。そして、かかる発覚経緯を踏まえてどのような調査対象・調査方法が選択されたかを説明する。報告の本体である調査結果の項目では、調査の対象となった各取引についてリベートの条件を提示し（問題のある取引だけを摘示するというやり方もあろう）、それぞれについて問題点を明らかにする。

　また、「今後の対応」についても検討・報告することが望ましい。たとえば、「社内での対応」の項目では、関与者に対する懲戒処分の可否等に触れざるをえない場合があるが、懲戒処分の可否・内容については、内規上、懲戒委員会等の組織での検討を経て決する等と規定されている会社も多い。そのような会社では、調査報告書で懲戒処分について触れることが適切でない場合もあろう。また、「取引先への対応」の項目も、会社の全社的な営業戦略・経営方針という視点からの検討が必要となるため、事実関係の調査結果の報告を主たる使命とする報告書のなかで言及するには相応しくない場合もあるだろう。結果的に、「今後の対応」は、主として「再発防止策」に主眼を置いたものとなる場合が多いと思われる。

　調査報告書の項目立ての例をあげると、以下のとおりである。

第1　調査の対象・方法
　1　調査の端緒
　2　調査の対象及び方法
第2　調査の結果
　1　調査対象取引におけるリベート条件
　2　リベート条件の検討

(1)　条件の内容面における問題点
        (2)　条件の決定手続における問題点
    3　問題発生の原因
 第3　今後の対応
    1　社内での対応
    2　取引先への対応
    3　再発防止策
    4　告訴の要否の検討

6　経営トップに対してどのように報告するか

　基本的には、報告書の内容に従って報告すればよい。ただし、たとえば、懲戒処分等の対内的対応や、今後の取引先対応等について報告書のなかで言及していない場合には、それらの点については言及していないことを指摘し、経営トップを含めた然るべき部署・機関での検討と決定を促すことにも意味があろう。

（石毛）

第4章

業務・その他

4-1 入札談合

> 県の入札に参加する当社を含めた3社は①受注製品数の割合が一定の比率に収まるように受注予定者を決め、②3社のうちいずれかが常に受注予定者になるよう合意していたところ、公正取引委員会から立入検査を受けた。

1 どのようなケースが問題となるか

　このケースのように、公共工事の発注や物品調達等の入札の際、指名を受けた事業者間で、あらかじめなんらかの方法により受注予定者を決定すること（いわゆる入札談合）は、独占禁止法が禁止している「不当な取引制限」に当たる（同法2条6項、3条、8条1号）。

　「不当な取引制限」が成立するのは、「契約、協定その他何らの名義をもってするかを問わず、他の事業者と共同」することが要件とされているので、このケースのような受注者選定に係る談合が「不当な取引制限」に該当するのは、事業者間に意思の連絡があり、共通の意思が形成された場合である。「意思の連絡」には、書面等により明示的に合意された場合のみならず、黙示的な方法による合意（暗黙の了解）も含まれる。

　公正取引委員会が公表している「公共的な入札に係る事業者及び事業者団体の活動に関する独占禁止法上の指針」（入札ガイドライン）では、受注予定者の選定に係る談合として上記独占禁止法に原則として違反となる（おそれがある）場合として、以下の行為をあげている。

〈原則として違反となる場合〉
① 入札に参加しようとする事業者が、入札について有する受注意欲、営業活動実績、対象物件に関連した受注実績等受注予定者の選定につながる情報について、それら事業者間で情報交換を行い、またはそれら事業者を構成員とする事業者団体が、かかる情報について、収集・提供し、もしくはそれら事業者間の情報交換を促進すること
② 事業者が共同してまたは事業者団体が、過去の入札における個々の事業者の指名回数、受注実績等に関する情報を、今後の入札の受注予定者選定の優先順位に係る目安となるようなかたちで整理し、入札に参加しようとする事業者に提供すること
③ 受注予定者以外の入札参加者が、受注予定者等から入札価格に関する連絡・指示等を受けたうえで、受注予定者が受注できるようにそれぞれの入札価格を設定すること
④ 事業者が共同してまたは事業者団体が、受注予定者に他の入札参加者などに対して業務発注、金銭支払等の利益供与をさせること
⑤ 事業者が共同してまたは事業者団体が、入札に参加を予定する事業者に対して、受注予定者の決定に参加するようもしくは決定の内容に従うよう要請、強要等を行い、決定に参加・協力しない事業者に対して、取引拒絶、事業者間もしくは事業者団体の内部における差別的な取扱い等により入札への参加を妨害し、または決定の内容に従わないで入札した事業者に対して、取引拒絶、事業者間もしくは事業者団体の内部における差別的な取扱い、金銭の支払等の不利益を課すこと

〈違反となるおそれがある場合〉
① 事業者間で事業者団体が、各事業者に対して、指名競争入札に係る指名を受けたことや入札への参加の予定について報告を求めること
② 共同企業体により入札に参加しようとする事業者が、単体または他の共同企業体により入札に参加しようとする事業者との間で、入札への参加のための共同企業体の結成に係る事業者の組合せに関して、情報交換を行

い、または事業者団体が情報交換を促進すること
③ 事業者団体が、構成事業者から、入札による受注に応じた特別会費、賦課金等を徴収すること

2 調査は必要か

　独占禁止法違反に該当する入札談合が行われた場合、公正取引委員会は、行政処分として、排除措置命令、課徴金納付命令を行い、さらには、重大な社会的影響を及ぼすような違反行為に対しては、刑事告発を行うこともある（課徴金の額や刑事罰について、表１・２参照）。したがって、入札談合を理由として公正取引委員会の立入検査を受けた場合には、まずは、これらの制裁を受ける原因事実の有無を確認し、さらには、入札談合の事実が認められる場合には、その後の対応によってこれらの制裁を回避または軽減するために、社内調査を尽くす必要がある。

　課徴金に関しては、違反内容を公正取引委員会に報告した場合に免除または減額される課徴金減免制度（リニエンシー）があることから、この減免制

表１　課徴金の額（不当な取引制限）　　　　　　　　（　）内は中小企業の場合

業種	製造業等	小売業	卸売業
課徴金率	10％（４％）	３％（1.2％）	２％（１％）

（注）　違反行為の実行期間中の違反行為対象商品または役務の売上高に下記の課徴金料率を乗じた額（なお、課徴金は、税務上損金に算入することができない）。

表２　刑事罰（入札談合）

対象	個人	法人	代表取締役（注）
刑罰	５年以下の懲役または500万円以下の罰金	５億円以下の罰金	500万円以下の罰金

（注）　法人の代表取締役が違反行為または計画を知りながら放置していた場合。

表3 申請順と課徴金減免の割合

申請順位	減免割合	
	調査開始日前の申請	調査開始日後の申請
1番目	100%	30%
2番目	50%	30%
3番目	30%	30%
4番目	30%	なし
5番目	30%	なし

度の利用を検討するためにも、十分な社内調査を行う必要がある。

　なお、公正取引委員会の調査開始日前の減免申請者に対しては、排除措置命令が発令されないことが多いとされ、また、公正取引委員会は、1番目の申請者に対しては刑事告発しない方針を表明している。

　課徴金減免制度では、公正取引委員会の調査開始日前の申請者と開始日後の申請者とで合計5社まで課徴金が減免される。ただし、調査開始以後の申請者については、課徴金の減免を受けられるのは、最大3社に限られる。申請順と課徴金減免の割合については、表3参照。このように、課徴金の減免がその申請順序によって減免割合が異なることから、入札談合を行った他の業者よりも先に課徴金減免申請をしてより有利な減免を受けられるよう、社内調査は迅速に行う必要がある。

3　調査では何を調べるか

　このケースのような入札談合による独占禁止法違反に対しては、課徴金納付命令が課されるものの、課徴金減免申請を行うことができる。課徴金減免の申請をするには、公正取引委員会の定める様式に従った報告書を提出する。

　したがって、社内調査で調査すべき事項も、報告書の記載事項を対象とす

ることになる。公正取引委員会の調査開始日以後に申請をする場合には、報告書様式第３号による報告を行うことになるが、この様式に定められている報告書の記載事項は以下のとおりである（以下では、このケースのような入札談合の場合を想定した内容を記載している）。

　会社は、これらの事項を調査するため、関係者からのヒアリングやメールその他の社内資料の精査を行うことになる。なお、公正取引委員会の調査開始日以後に申請をする場合には、すでに公正取引委員会が把握している事実以外の追加的な情報を提供することが課徴金減免の適用要件とされている（調査開始日前の申請のうち４番目と５番目の申請の場合も同様である）。

(1)　違反行為の概要

ア　受注予定者の選定方法（ルールの内容）などの行為態様
イ　共同して入札談合行為を行った他の事業者の氏名または名称と住所または所在地
ウ　入札談合行為に係る取決めをした時期、この行為が行われなくなった場合には、終了時期

(2)　当社および共同して行った他の事業者で行為に関与した役職員の氏名など

　現在関与している者、過去に関与したことのある者

(3)　入札談合行為の対象となった商品または役務

　対象となる発注物件について、発注者、発注 部署、競争入札の方法（制限付一般競争入札、希望型指名競争入札、指名競争入札等）工事の種類など

(4) 入札談合行為の実施状況と共同して行為を行った他の事業者との接触の状況

　入札に参加した発注物件について、受注予定者が決定された経過、自己が受注予定者となったときの他の者への入札価格の連絡の状況、他の者が受注予定者となったときのその者からの入札価格の連絡の状況、受注予定者を決定し、その者が受注した物件、受注予定者を決定したがその者が受注することができなかった物件、受注予定者を決定することができなかった物件の状況など

(5) その他参考となるべき事項

　入札談合行為の対象となった商品または役務の原材料、製法、流通経路、価格交渉の方法・当事者、公的規格、法的規制、業界の概要、関係する事業者団体の概要、連名での報告の場合は各報告者間の役割分担など

4　調査結果を踏まえてどのように対応するか

(1) 違反事実が認められない場合の対応

　社内調査によって、違反事実が認められないと判断した場合には、裏付資料を収集・整理して、公正取引委員会の調査に対応する。もっとも、他の事業者が当社と入札談合を行ったことを認めている場合には、排除措置命令や課徴金納付命令が課され、場合によっては関与者が起訴される事態に発展する可能性が高まる。これらの処分が課された場合には、命令取消しの訴えや刑事訴訟で争うことになる。そのため、違反事実が認められないことを前提

とした対応を行う場合には、これらの訴訟を遂行しうるだけの十分な証拠を固めることが前提となるが、他の事業者が違反事実を認めている場合には、立証上のハードルは相当高く、このような現実を踏まえ、課徴金減免制度の利用可能性等も加味して、会社としての対応方針を決定する必要がある。

(2) 違反事実が認められる場合の対応

ア　課徴金減免申請

　違反事実が認められる場合には、すみやかに課徴金減免の可能性について公正取引委員会に相談し、課徴金減免を受けられることが確認できた場合には、報告書をFAXで公正取引委員会に提出する。課徴金減免申請の申請順位は、公正取引委員会がFAXを受信した順位で決定されるので、調査から報告書提出までいかに短期間で行うかがきわめて重要となる。

イ　関与者に対する処分

　また、他の不祥事事案と同様、調査結果を踏まえて、関与者に対する社内処分を行う必要がある。
　関与者に対する社内処分では、社内規程に従って公平・適正な処分を検討する。もっとも、課徴金減免申請を行うための準備には、関与者の協力を得ることが不可欠だが、早期に処分すると関与者の協力が得られなくなる可能性もある。また、実際に課徴金の減免が実現した場合には、関与者の協力によって会社の被害を減少させたことになるので、処分の時期や内容については、関与者の役割や調査への協力度合い等の事情を考慮して慎重に決する必要がある。

ウ　再発防止策

　さらに、他の不祥事事案と同様、調査結果を踏まえた対応として重要なの

は、再発防止策の検討と実施である。一般に、再発防止策として実施すべき内容としては、①独占禁止法違反に関するマニュアルの作成、②競争事業者との接触に関する社内ルールの作成、③①や②の実効性を高めるための役職員向け研修の実施、④平時における社内調査の実施等があげられる。

また、入札談合に対して排除措置命令が発令される場合、命令の内容として、受注予定者決定に係る協定の破棄、協定を守るための実効性確保手段の破棄、会合の廃止や団体の解散、協定を破棄した旨の周知徹底、将来、同様の行為を行うことの禁止、独占禁止法の遵守についての行動指針の作成等が求められることがあるため、これらの命令に対応した再発防止策を実施する必要がある。

5 報告書をどのようにまとめるか

(1) 報告書作成の考え方

課徴金減免申請を行う場合には、報告書の内容は、減免申請報告書の様式に従うことになる。減免申請を行わない場合も、記載項目や内容については、基本的には課徴金減免申請の報告書と同様と考えてよいであろう。

もっとも、課徴金減免申請のための報告書は、公正取引委員会が定める提出期限や順位確保のために限られた時間のなかで作成することになるので、減免申請報告書とは別に（課徴金減免申請を行わない場合には、申請報告書にかえて）、より詳細な報告書を作成することも、再発防止の観点からは望ましい。

なお、課徴金減免申請を行う場合には、迅速性の観点から、まずは課徴金減免申請に必要な限度での対応を最優先とし、詳細な報告書の作成は、課徴金減免申請に必要な対応が完了した後に行うべきであろう。

記載内容としては、課徴金減免申請に係る報告書の記載内容に加えて、入

札談合を行うに至った経緯を可能な限り詳細に記載して、原因分析を行ったうえで、再発防止策についても記載すべきであろう。

他方、課徴金減免申請に係る報告書では、当社だけでなく、共同で行った他社の関与者の氏名を記載することを求めているが、公正取引委員会に提出する報告書とは別に作成する報告書では、対外的に公表するか否かを問わず、個人の役職や役割に応じて、個人の特定を避ける記載方法とすべき場合が多い。

(2) 報告書記載項目例

対外的に公表する報告書を作成する場合の記載項目立ての例は、以下のような内容が考えられる。

第1　入札談合の概要
第2　入札談合発覚の経緯
第3　調査結果
　1　違反行為の対象となった商品や役務
　2　違反行為の概要
　　(1)　受注予定者の選定方法（ルールの内容）等の行為態様
　　(2)　共同して違反行為を行った他の事業者との共同行為の内容
　　(3)　違反行為に係る取決めをした時期、行為の終了時期
第4　今後の対応方針
　1　社員に対する処分（案）
　2　原因分析
　3　再発防止策

6　経営トップに対してどのように報告するか

　経営トップは、自社で生じた独占禁止法違反の事実を正確に把握し、その原因と再発防止にあたって主導的な役割を果たす必要がある。そのためには、事案発覚時以降、適時、適切に経営トップに対して情報提供すべきである。

　特に、独占禁止法違反事案で、課徴金減免申請の検討を要する場合には、申請の結果が会社の利益に大きく影響することから、経営トップが、違反事実を認めるか否か、課徴金減免申請を利用するか否か等について迅速な意思決定が可能となるよう、報告すべき内容と報告方法を工夫する必要がある。

（千葉）

4-2 下請業者に対する代金減額・返品

　当社（資本金5,000万円）は、当社で販売する製品について、原材料の製造を複数の下請事業者（いずれも資本金1,000万円以下）に委託している。2年前から、当社は、下請事業者に対し、①下請代金から、4半期ごとの協賛金を差し引いて支払ったり、②製品の販売が終了して新製品に変更された場合に、受領ずみの原材料で残った分を引き取らせていたが、公正取引委員会から検査を受けることとなった。

1　どのようなケースが問題となるか

　このようなケースでは、①は下請法4条1項3号の「下請代金減額の禁止」違反、②は同法4条1項4号の「返品の禁止」違反が問題となり、違反と認められれば、公正取引委員会による勧告の対象となる（同法7条2項）。

　下請代金の減額禁止違反のケースを公正取引委員会が公表している勧告事例でみると、代金を差し引く名目としては、協賛金やその他協力金、指導料、登録料などがある。さらには、単価の引下げ改定を行った場合に、単価の引下げ合意日前に発注した製品についても引き下げた単価をさかのぼって適用することにより、下請代金の額から、引き下げた単価をさかのぼって適用した額との差額を差し引くようなケースもみられる。

　公正取引委員会が下請法違反被疑事件の調査を行うきっかけとしては、下請業者からの申告や、毎年定期的に行っている書面調査、親事業者からの自発的な申出、中小企業庁長官からの措置請求、その他関係公的機関からの通知などがあるが、実際には書面調査を端緒とするものがほとんどである。

また、公正取引委員会が調査を行った結果、違反が認められる場合にとられる措置として下請法が規定するのは「勧告」であるが（同法7条）、実際には、違反行為の内容や下請業者に与える影響等の諸事情も勘案して事実上の「指導」が行われており、大多数のケースは「指導」によって処理されている。

2　調査は必要か

　下請法に違反していると認められると、公正取引委員会からの勧告や指導により、是正措置をとらなければならなくなり、下請代金の減額分を下請事業者に返還したり、返品した製品の下請代金相当額を支払う必要が生じる。担当者は、下請法違反か否か、違反対象となる行為の特定、違反対象となる金額などを確認することが必要になる。

　公正取引委員会による検査は、ほとんどの場合、下請法9条1項の調査権限を用いなくても、業者側の任意の協力を得て、任意調査のかたちがとられることが多い。検査を受ける親事業者側としても、調査に協力しながら、自ら事実関係を正確に把握すべきである。

　なお、公正取引委員会からの勧告では、今後、同じような違反行為が生じないように、社内体制の整備のために必要な措置を講じるべきことまで勧告されることがあるし、勧告を受けた事実自体が公表されて、報道などからの社会的非難の対象となる。また、勧告ではなく指導にとどまったとしても、改善措置をとり、その結果を公正取引委員会に報告することが求められる。したがって、当社としては、どのような措置がとられるかにかかわらず、再発防止のための社内体制の整備を視野に入れた調査が必要といえる。

3　調査では何を調べるか

　調査では、どのような行為が下請法違反に該当するのかという法的理解を

踏まえて、事実関係を確認すべきである。

(1) 下請法が適用される取引

このケースのような製品の原材料の製造委託は、下請法2条1項の「製造委託」に該当する。製造委託とは、物品を販売し、または物品の製造を請け負っている事業者が、規格、品質、形状、デザインなどを指定して、他の事業者に物品の製造や加工などを委託することをいう。

また、下請法は、一定の資本金区分を満たす親事業者と下請事業者間の取引について適用されるものであり、製造委託については、①資本金が3億円を超える法人が、資本金が3億円以下の法人（または個人）に製造委託する場合と、②資本金が1,000万円を超え3億円以下の法人が、資本金が1,000万円以下の法人（または個人）に製造委託する場合が、適用対象となる。

このケースでは、当社が資本金5,000万円であり、下請事業者はいずれも資本金が1,000万円以下なので、いずれの取引も下請法が適用される。

(2) 親事業者の義務と禁止事項

下請法上、親事業者は、①下請事業者に対し発注書面を交付する義務（同法3条）、②取引に関する書類を作成・保存する義務（同法5条）、③下請代金の支払期日を定める義務（同法2条の2）、④遅延利息の支払義務（同法4条の2）を負う。①の発注書面（3条書面）では、下請事業者の給付の内容、下請代金の額、支払期日と支払方法その他の事項を記載する。

また、下請法4条により、親事業者の禁止事項として、①受領拒否、②下請代金の支払遅延、③下請代金の減額、④返品、⑤買いたたき、⑥購入・利用強制、⑦報復措置、⑧有償支給原材料等の対価の早期決済、⑨割引困難な手形の交付、⑩不当な経済上の利益の提供要請、⑪不当な給付内容の変更・やり直しが規定されている。

このケースでは、③下請代金の減額と④返品が問題となるが、その他の義務違反がないか、禁止事項の違反はないかも調査すべきである。

(3) 下請代金の減額の禁止

下請法4条1項3号は、「下請業者の責に帰すべき理由がないのに、下請代金の額を減ずること」を禁止している。

禁止されるのは、発注時に決定した下請代金を発注後に減額すること（発注時に3条書面に記載された下請代金を減額すること）であり、下請事業者との合意があったとしても、「下請事業者の責に帰すべき理由」がない場合はいっさい許されない。また、協賛金の徴収、原材料価格の下落など、名目や方法、金額にかかわらず、あらゆる減額行為が対象となる。

他方で、「下請事業者の責に帰すべき理由」があるとして下請代金の減額ができるのは、次のような場合に限られるとされている。

① 下請事業者の給付内容が発注内容と異なる場合や給付に瑕疵等があるため、あるいは納期遅れにより不要となったため、給付を受領せずまたは返品を行った場合に、受領拒否や返品された給付に係る下請代金の額を減額すること
② 上記①のように受領拒否や返品ができるのに、そのまま給付を受領し、親事業者が委託内容に合致させるために手直しを行った場合に、手直しに要した実費の範囲内で減額すること
③ 下請事業者の給付に瑕疵があり、または納期遅れがある場合であって、これによる給付の価値の低下が明らかであったが、そのまま給付を受領した場合に、客観的に相当な額を減額すること

このケースでは、「下請事業者の責に帰すべき理由」に関係なく、一律に、4半期ごとの協賛金を下請代金から差し引いているので、「下請代金の減額」に当たる。

(4) 返品の禁止

　下請法4条1項4号は、「下請事業者の責に帰すべき理由がないのに、下請事業者の給付を受領した後、下請事業者にその給付に係る物を引き取らせること」を禁止している。

　減額禁止と同様に、仮に下請事業者との間で返品を行うことについて合意があったとしても、「下請事業者の責に帰すべき理由」がないのに返品を行った場合は違反となる。

　他方で、「下請事業者の責に帰すべき理由」があり返品することができるのは、以下の場合である。
① 　下請事業者の給付の内容が3条書面に記載された委託内容と異なる場合
② 　下請事業者の給付に瑕疵等がある場合

　なお、返品できる場合でも、運用上は、直ちに発見できる瑕疵の場合は、検査に要する標準的な期間内ですみやかに返品することとされ、直ちに発見できない瑕疵の場合は、受領後6カ月以内に限って返品することが認められている。

　ただし、一般消費者に対して6カ月を超えて品質保証期間を定めている場合には、その保証期間に応じて最長1年以内であれば返品することができる。

　設例のケースのように「下請事業者の責に帰すべき理由」もなく、当社が新製品に変更したという当社側の都合で、受領ずみの原材料を返品していると、本条項が禁止する「返品」に該当する。

(5) 具体的な調査事項

　下請法違反が問題となり、公正取引委員会による調査を受ける場合には、任意での調査に協力しつつ、禁止事項に違反するのかどうか、下請代金の減

額や返品ができる場合に該当するのかなどを、自ら調査・確認する必要がある。また、最終的に下請法違反が認められ、勧告または指導がなされる可能性が高いのであれば、違反行為の改善や下請事業者に対する不利益の回復措置等をとらなければならない事態が想定されるので、違反となる行為や金額を正確に把握するべきである。

具体的には、まず、問題となる取引が下請法の適用対象となるのかについて、委託内容や取引当事者の資本金を確認する必要がある。

次に、問題となる取引と支払・返品について、下請事業者ごとに内容を把握し、特定する。そして、これら特定した減額処理や返品処理について、それぞれ理由を担当者・責任者に確認し、「下請事業者の責に帰すべき理由」があったといえるような場合には、個別の取引ごとに理由を確認すべきである。

なお、問題となっている下請代金の減額や返品のみならず、その他の親事業者としての義務や禁止事項の違反がないかも確認する。

いずれにしても、下請法との関係で調査を行う場合、法的評価の観点が欠かせないので、事実関係を把握したうえで、その評価について弁護士に相談・確認することも欠かせない。その結果、当社側の正当性を主張すべき場合がありうるのであれば、公正取引委員会による調査でも、時宜に応じた対応・主張をするべきであるから、調査はできるだけ早急に行う。

また、このようなケースでは、第三者委員会等による調査までは行わないのが一般的であるが、違反内容が下請事業者に大きな損害を与えるものであるとして、報道等により大きく取り上げられ、社会的非難も大きくなっているような場合には、弁護士などをメンバーとする第三者委員会の調査により、原因の究明と再発防止策まで検討されることが必要になる場合もありうる。

4　調査結果を踏まえてどのように対応するか

事実関係の調査と弁護士の法的見解を踏まえて、違反事実はないと考えら

れるのであれば、裏付資料を収集・整理して、公正取引委員会の調査に対応する。

　他方で、このケースのように、下請法違反が認められる可能性が高い場合は、すみやかに是正措置をとって、再発防止策を講じ、公正取引委員会による勧告・公表となるよりも、指導にとどまるように対応すべきである。

　仮に勧告がなされる場合、公表事例を参照すると、①下請事業者に対し減額した金額をすみやかに支払うこと、②返品した原材料について引き取ることができるものは引き取り、返品した分に相当する下請代金相当額を支払うこと、③対象となる行為が下請法4条1項3号・4号に違反することや今後違反行為を行わないことについて、取締役会決議で確認すること、④再発防止のため、自社の発注担当者に対して社内研修を行うなど社内体制の整備を行うこと、⑤以上の措置を自社の役員、従業員に周知徹底すること、⑥以上の措置について下請事業者に通知すること、⑦以上の措置について、公正取引委員会に報告すること、といった内容の勧告がなされることが想定される。

　なお、勧告に従わない場合は、独占禁止法に基づく排除措置命令や課徴金納付命令が行われることがある。

　また、勧告にかえて指導がなされる場合でも、所要の改善措置をとることが求められ、その結果を公正取引委員会に報告することが求められる。

　したがって、勧告内容を念頭に置きつつ、下請事業者に対する支払と再発防止策の体制整備を進める。必要がある再発防止策としては、発注担当者や部署に対する指導のみならず、定期的な社内研修を実施することや、いままでの下請事業者との基本契約が発注書面の書式が下請法の趣旨に沿わないものであった場合は、契約書等の書式を改定するといった体制整備が考えられる。

　公正取引委員会の処分が指導にとどまる場合、必ずしも対外的に公表する必要はないが、当社としてとった対応・措置について、社内の役員・従業員と下請事業者に対して説明・周知すべきである。

公正取引委員会により勧告がなされる場合、事実は公表され、報道されることが想定されるので、対外的にも、違反事実の内容や、当社としてとった対応・措置について、公表する必要がある。勧告に至っている事例をみると、勧告・公表された当日に、会社側もニュースリリースを出しているのが一般的である。

5　報告書をどのようにまとめるか

　報告書では、まずは問題となる取引の内容、取引当事者を特定し、個別の行為ごとに減額の経緯、返品の経緯をまとめて整理し、法的評価の内容（弁護士に確認した内容）、対応方針、再発防止策・改善すべき点を記載すべきである。

　調査報告書の項目立ての例をあげると、以下のとおりである。

第1　調査対象の取引
　1　下請事業者（事業者ごとに資本金を記載）
　2　下請事業者との取引内容（製造委託に該当する契約であることの確認）
　3　調査対象となる取引の期間
第2　下請事業者Aとの取引について
　1　下請代金減額の内容と金額
　2　下請代金減額の経緯・理由
　3　下請代金減額についての法的評価（弁護士意見含む）
　4　返品の内容と代金相当額
　5　返品の経緯・理由
　6　返品についての法的評価（弁護士意見含む）
　7　他の下請法違反の有無
第3　下請事業者Bとの取引（下請事業者ごとに「第2」と同様の報告内

容を記載する）
　第4　今後の対応方針
　　1　下請事業者に対する支払
　　2　社内体制の整備（取引担当への周知、社内研修等）
　　3　社内外への公表の要否
　　4　公正取引委員会への対応方針

6　経営トップに対してどのように報告するか

　このケースでは下請法違反が認められることから、経営トップに対しては、まず調査結果を踏まえて、①違反事実と下請事業者に対して支払うべき金額を報告し、②今後の社内体制の整備や③社内外へ周知ないし公表する方針の選択や④公正取引委員会への対応の各方針について、提案することになる。

　社内体制を整備し、再発防止策を講じるには、経営トップが主導してすみやかに進めるべきであるから、できるだけ具体的な内容の提案が望ましい。

　また、公正取引委員会の調査がどの段階にあるかによって、同委員会への対応方針として記載すべき事項は異なってくるが、すでに違反事実が認定されて、指導により改善措置と報告が求められている場合には、これに対する対応方針を提案すべきであるし、さらに、同委員会による勧告、公表が予想される場合には、対外的なニュースリリースの内容についても提案できることが望ましいといえる。

（福田）

4-3 不当表示

> 当社は1年前にA社からレストラン事業を譲り受けたが、そのレストランのメニューにある「松阪牛サーロイン・ステーキ」が、実際には松坂牛ではなく通常の和牛を使用していることが判明した。調理責任者に確認したところ、このような状態は、A社からレストラン事業を譲り受ける前から継続していることがわかった。

1 どのようなケースが問題となるか

　このケースのように、飲食店のメニュー・料理等の表示が実態と一致しない場合には、不当景品類及び不当表示防止法（以下「景品表示法」という）に違反する可能性がある。具体的には、自己が供給する商品・役務（料理等）について、一般消費者に対して実際のものよりも著しく優良であると示す表示であると認められる場合には、景品表示法5条1号に規定される「優良誤認表示」に該当し、同法に違反することになる。

　「実際のものよりも著しく優良であると示す」表示とは、一般消費者に対して、社会一般に許容される誇張の程度を超えて、商品・役務の内容が、実際のものよりも著しく優良であると示す表示をいい、この判断にあたっては、表示上の特定の文言、図表、写真等から一般消費者が受ける印象・認識ではなく、表示内容全体から一般消費者が受ける印象・認識が基準となる。

　このケースのように、牛肉の産地に関して実際のものと異なる表示をしている場合で、その表示された産地がブランドとして一般消費者の間で認知されていて、他方、実際の牛肉がブランドとして認知されていない産地のもの

である場合には、「優良誤認表示」と判断される。

　過去に消費者庁は、①宿泊プランに、「柔らかくてジューシーな地元和牛の知多牛のステーキ」と記載することにより、あたかも、宿泊プランの利用者に提供する料理に和牛を使用しているかのように示す表示について、実際には、和牛の定義（「和牛等特色ある食肉の表示に関するガイドライン」（平成19年3月20日）における定義をいう。以下同じ）に該当しない牛肉を使用していた事例や、②「ヴァン・ルージュで煮込んだ黒毛和牛頬肉の宝石箱見立て野菜のロンドと共に」と記載することにより、あたかも、黒毛和牛の頬肉を使用しているかのように示す表示について、実際には、和牛の定義に該当しない牛の頬肉を使用していた事例で「優良誤認表示」に該当すると判断し処分している。

2　調査は必要か

　近年、食品表示問題が社会的に関心を集めていて、食品表示に対する世間の意識が高まっている。不当な食品表示が行われていることが疑われることになれば、SNS等の普及も相まって、時に不正確な内容も含んだ情報が拡散し、企業にとって取り返しのつかない損害を招くことになりかねない。

　このような事態を防ぐためには、早期に是正措置を講じて、正確な情報を公表することを検討する必要があり、そのためには、迅速かつ適正な事実調査を実施することが不可欠である。

　また、「優良誤認表示」として景品表示法違反となる場合には、消費者庁は、違反行為をした事業者に対して、①違反行為の差止め、②違反行為が再び行われることを防止するために必要な事項、③これらの実施に関する公示、④その他必要な事項を内容とする、措置命令を行うことができる（景品表示法7条柱書前段）。このような措置命令が行われないための防御の準備として、消費者庁の調査に先んじて必要な事実調査を行う必要があり、また、仮に措置命令が行われた場合には、命令の内容に応じた適切な対応を行うた

めにも事実調査を行う必要がある。

　さらに、消費者庁は、「優良誤認表示」に係る違反行為をした事業者に対しては、要件を満たす限り、課徴金納付命令を行わなければならない（景品表示法8条1項）が、課徴金納付命令については、適用除外事由として後記3の主観的要件があり、また、事実報告と返金措置による課徴金の減額措置が認められている。

　したがって、課徴金納付命令の適用除外事由や課徴金の減額措置の適用の可能性を検討するためにも、違反行為に関する事実調査を尽くす必要がある。

3　調査では何を調べるか

　調査では、まず、優良誤認表示に該当する事実の有無を確認する必要がある。このケースのようにレストランのメニュー表示が問題となる場合、消費者庁が公表している「メニュー・料理等の食品表示に係る景品表示法上の考え方」に、食材類型別に景品表示法上の問題の有無と留意点がまとめられているので、これらを参考にしつつ、優良誤認表示に該当するか否かの判断根拠となる事実を調査する。

　優良誤認表示に該当しうる事実が認められた場合、措置命令と課徴金納付命令への対応に必要な事実調査を行い、自主的な公表の要否を検討したうえで、公表した場合における問合せのための事実調査を行う必要がある。

(1)　初動として必要な事実調査

　優良誤認表示の事実が認められた場合、初動として、表示と商品実態が一致しなくなった原因・経緯、開始時期、継続期間、その間の販売数量・販売金額、商品や材料の流通経路等に係る事実を調査する。このケースのように、譲り受けた事業について譲り受ける前から優良誤認表示が継続している

ような場合には、事業譲渡をした会社に調査協力させる必要が生じる場合も考えられる。どうしても相手方の協力がなければ有効な調査が行えず、結果として消費者庁からの処分やレピュテーショナルリスクが顕在化することが予想されるのであれば、相手方に対して調査協力へのインセンティブを与えるために、問題となる優良誤認表示に関する契約上の責任追及（表明保証違反に基づく損害賠償請求等）の全部または一部の減免について約束することも検討すべきであろう。

(2) 措置命令対応のために必要な調査

　消費者庁は、景品表示法違反の問題を探知した後、調査を開始し、違反の嫌疑ありと判断した場合には、対象者に弁明の機会を付与したうえで（行政手続法13条１項、景品表示法13条）、違反を認定したうえで違反事業者に措置命令を行うことができる（景品表示法７条柱書前段）。したがって、消費者庁による調査が開始された場合には、措置命令が行われないよう、防御に必要な事実調査を行う。具体的には、優良誤認表示に該当すること自体は明らかな場合には、措置命令を行う必要性がないこと、すなわち、違反の程度が高くないことを裏付ける事情（組織的な違反行為はない、継続期間が短い、販売数量・販売金額が少ない等）の有無を調査する。

　なお、措置命令は、該当する景品表示法違反の行為がすでになくなっている場合でも、違反行為をした事業者に対して行えることとされているほか、このケースのように、違反行為をした事業者から違反行為に係る事業の全部または一部を譲り受けた事業者に対しても行うことができる（景品表示法７条１項１号・４号）。したがって、仮に事業を譲り受けた時点では、優良誤認表示に該当する行為が終わっていたとしても、事業を譲り受けた後に、譲渡会社が譲渡前に行っていた違反行為に関して譲受会社に対して措置命令が行われることがある点については留意が必要である。

　また、措置命令として、再発防止策の策定が命じられた場合には、有効な

再発防止策の策定に必要な原因事実を重点的に調査することが必要になる。

(3) 課徴金納付命令対応のために必要な調査

　消費者庁は、優良誤認表示に係る違反行為をした事業者に対しては、要件を満たす限り、課徴金納付命令（課徴金の額は、課徴金対象期間において提供された課徴金対象行為に係る商品または役務の売上額の３％に相当する額）を行わなければならないので、優良誤認表示に該当する行為を行っていたことが発覚した場合、課徴金納付命令に対応するための調査を行うことになる。

　具体的には、課徴金納付命令は、課徴金対象行為をした期間を通じて、自らが行った表示が課徴金対象行為に該当すること「を知らず、かつ、知らないことにつき相当の注意を怠った者でないと認められるとき」（＝主観的要件を欠く場合）には、課すことができないことから（景品表示法８条１項ただし書前段）、主観的要件を欠くことを基礎づける事実の有無について調査する。

　「相当の注意を怠った者でないと認められる」か否かは、事業者の業態や規模、課徴金対象行為に係る商品または役務の内容、課徴金対象行為に係る表示内容や課徴金対象行為の態様等を勘案することとなる。事業者が、必要かつ適切な範囲で「事業者が講ずべき景品類の提供及び表示の管理上の措置についての指針」（平成26年11月14日内閣府告示第276号）に沿うような具体的な措置を講じていた場合には、「相当の注意を怠った者ではない」と認められると考えられている。

　上記の指針に記載されている具体的な措置の例のうち、飲食店のメニュー・料理等の表示に関連する事項としては、以下のような措置（調達段階における確認等）があげられる。したがって、自社で、これらの措置またはこれらに準じる措置を講じていたか否かを調査し、これに関連する立証材料を収集することになる。

・調達する原材料等の仕様、規格、表示内容を確認し、最終的な表示の

内容に与える影響を検討すること
・地理的表示等の保護ルール等が存在する場合には、それらの制度を利用して原産地等を確認すること
・規格・基準等の認証制度が存在する場合（ブランド食材の認証マーク等）には、それらの制度を利用して品質や呼称を確認すること
・無作為に抽出したサンプルの成分検査を実施すること

　なお、課徴金納付命令については、措置命令とは異なり、課徴金対象行為が終了した後に課徴金対象行為を行っていた事業者から課徴金対象行為に係る事業を譲り受けたとしても、譲受会社には課徴金が課されることはない。ただし、消費者庁によって課徴金対象行為に係る事実について調査が開始された日以後に子会社等に対して課徴金対象行為に係る事業の全部を譲渡し、かつ、合併以外の事由によって消滅した場合には、当該事業の全部を譲り受けた子会社に対して課徴金が課される（景品表示法12条4項）。

4　調査結果を踏まえてどのように対応するか

(1)　消費者庁による調査が開始されていない場合の対応

ア　表示の取りやめ

　優良誤認表示の問題が発覚した後、消費者庁による調査が開始されていない段階で、事実調査の結果、優良誤認表示の事実が認められた場合には、すみやかに不当表示を取りやめることが求められる。これは、違法行為をやめるという意味に加え、後に消費者庁等の調査により、優良誤認表示が認定されて課徴金納付命令が課されうる状況になった場合、主観的要件を欠くと課徴金の免除を主張するためには、表示が不当表示であることを知った場合に

はすみやかにその表示をやめる必要があるためであり、また、結果的に免除されなかった場合であっても、課徴金対象期間の終期たる課徴金対象行為をやめた日までの期間を可能な限り短縮することで、課徴金の額を最小限にすることになるからである。

イ　課徴金対象行為に該当する事実の報告

　事業者が、課徴金対象行為に該当する事実を一定の方式にのっとり報告したときは、算定された課徴金額から50％相当額が減額される（景品表示法9条本文）。もっとも、かかる報告が「当該課徴金対象行為についての調査」があったことにより「当該課徴金対象行為について課徴金納付命令があるべきことを予知してされたとき」には、減額措置は適用されないことから（同条ただし書）、報告は消費者庁による調査開始の通知よりも前に行うべきことになる。

　したがって、事実調査によって、優良誤認表示のような課徴金対象行為の事実が明らかになった場合には、消費者庁の調査開始の通知前に、課徴金対象行為に該当する事実の報告を自主的に行うべきか否かを判断することになる。もっとも、このような報告をすることによって、減額されるとはいえ課徴金が課され、これが公表される結果を導くことから、消費者庁等の調査が開始されるか否かが判然としない場合には、きわめて困難な判断となる。同様の問題は、優良誤認表示の事実が調査で認められたときに、対外的な公表・謝罪を行うか否かという点でも生じる。むずかしい判断ではあるが、違反事実が認められることが明らかな場合は、マスコミやSNS等を通じた事実の拡散が先行することによって引き起こされる損害の大きさを考えれば、自主的な申告・公表に踏み切ることを積極的に検討することになろう。

(2)　消費者庁による調査が開始されている場合の対応

　消費者庁による調査が開始された場合には、調査に協力しつつ、自社の事

実調査を踏まえて、消費者庁に対して、措置命令を行う必要がない旨の主張や、主観的要件を欠くことによる課徴金の免除を主張する。

また、消費者庁の調査開始後、弁明の機会に関する通知を受領した事業者は、所定の手続に従って返金措置を実施することで、課徴金が減免される（景品表示法10条、11条）。所定の手続の具体的な内容は、①返金対象者、返金期間、返金額の計算方法等一定の事項を定めた返金計画を策定のうえ、消費者庁長官の認定を受ける、②認定から4カ月以内に①の計画に沿って返金を行う、③返金措置の実施期間経過後1週間以内に結果を消費者庁長官に報告することである。

したがって、事実調査によって、課徴金対象行為の存在が明らかな場合には、かかる返金措置を行うか否かについて検討することになる。

(3) その他の対応

ア 再発防止策

他の不祥事事案と同様、調査結果を踏まえた対応として重要なのは、再発防止策の検討と実施である。景品表示法違反に対する再発防止策としては、課徴金免除事由としての「相当の注意を怠った者ではない」との要件を満たすための措置とされている、「事業者が講ずべき景品類の提供及び表示の管理上の措置についての指針」に定められている内容を履践することが近道といえる。その具体的な内容については、割愛するが、項目のみあげると以下のとおりである。

1　景品表示法の考え方の周知・啓発
2　法令遵守の方針等の明確化
3　表示などに関する情報の確認
4　表示などに関する情報の共有

5　表示などを管理するための担当者等を定めること
6　表示などの根拠となる情報を事後的に確認するために必要な措置をとること

イ　事業譲渡会社に対する責任追及

　このケースのように、譲り受けた事業で景品表示法違反行為が行われていたような場合、譲受会社は、譲渡会社に対して、事業譲渡契約に定める表明保証違反等に基づく損害賠償を求めることが考えられる。もっとも、事実調査に際して、譲渡会社の協力を得る必要がある場合には、調査への協力を条件として、契約上の責任を軽減することを約す必要がある場合も考えられる。

5　報告書をどのようにまとめるか

　食品表示に関する景品表示法違反の問題に対して、調査報告書をまとめる必要があるケースはあまり想定されず、基本的には、これまでに記載した対応を迅速に行うことが先決ではあるが、世間を揺るがすような社会的影響の大きいケースに発展するような場合には、調査報告書をまとめたうえで、記者会見などで公表することが望ましいケースも想定される。
　特に、近年、食品表示偽装事案に対して、景品表示法違反のみならず、不正競争防止法を適用して、刑事罰が科されるケース（ミートホープ事件、しゃぶしゃぶチェーンにおける牛肉産地偽装、ウナギの産地偽装等）も生じているため、損害を最小限に抑えるためにも、報告書にまとめる程度に深度ある調査を実施することが必要になる場合がある。以下にこのケースに関する調査報告書の主要な内容の項目立ての一例をあげる。

第1　事案の概要

第2　メニュー決定から料理提供に至るまでの業務の概要
　1　メニューの決定
　2　牛肉の仕入れ
　3　料理の提供
　4　店舗における指揮命令系統
第3　調査結果
　1　偽装行為の概要
　2　偽装行為の開始時期、終了時期
　3　偽装行為を行うに至った原因・経緯
　4　偽装行為に係る商品の販売数量、販売金額
第4　調査結果に対する法的評価
第5　今後の対応方針
　1　社員に対する処分（案）
　2　原因分析
　3　再発防止策

6　経営トップに対してどのように報告するか

　経営トップは、自社で生じた景品表示法違反の事実を正確に把握し、その原因と再発防止にあたって主導的な役割を果たす必要がある。特に、景品表示法違反への対応に際しては、表示をやめるべきか否か、自主的に申告・公表すべきか否かに関して、困難な判断を要し、かつ、その判断には常に迅速性が求められる。このような判断を適切に行うことを可能にすべく、不当表示が発覚したら、適時、適切に経営トップに対して情報提供すべきである。

（千葉）

廃棄物処理法違反

> 当社は、一般産業廃棄物である使用済発泡スチロールの運搬と中間処理を廃棄物処理業者に委託していたが、廃棄物処理業者から産業廃棄物管理票（マニュフェストD票）が期限内に戻ってこないケースがあることがわかった。

1 どのようなケースが問題となるか

　産業廃棄物の排出事業者から生じた産業廃棄物は、①収集運搬、②中間処理、③最終処分を経る。このケースでは、当社は使用済発泡スチロールという産業廃棄物の排出事業者（廃棄物処理法3条）に該当し、廃棄物処理業者に、①、②を委託していた。

　中間処理の委託を受けた廃棄物処理業者は中間処理を終えた時点で、廃棄物の処理及び清掃に関する法律（廃棄物処理法）3条により、マニュフェストD票を事業者（排出事業者）に返信することが求められている。

　しかし、委託した廃棄物処理業者が定められた期限までにマニュフェストD票を排出事業者である当社に返信しない場合、単に廃棄物処理業者が事務手続を忘れている場合だけでなく、廃棄物の運搬や中間処理を委託した廃棄物処理業者が運搬せずに不法投棄している可能性、廃棄物処理業者が処理能力以上の産業廃棄物の受入れをして産業廃棄物が滞留（過剰保管）している可能性、廃棄物処理業者が排出事業者である当社に無断で第三者に中間処理を再委託している可能性などもある。

第4章　業務・その他　195

2 調査は必要か

　事業者には、「その事業活動に伴って生じた廃棄物を自らの責任において適正に処理」（廃棄物処理法3条）することが求められている。平成28年1月、建設廃棄物について、下請業者に処理の委託を無責任に繰り返し、最終的に処理能力の低い無許可解体業者によって不法投棄がなされた不適正処理事案が、また、食品製造業者や食品販売事業者が廃棄物処理業者に処分委託をした食品廃棄物が、処分業者により不適正に転売され、複数の事業者を介し、食品として流通するという事案が判明した。それを受け、環境省は、「廃棄物処理に関する排出事業者責任の徹底について（通知）」「排出事業者責任に基づく措置に係る指導について（通知）」「排出事業者責任に基づく措置に係るチェックリスト」を提示し、不法投棄等を行う処分業者だけでなく、排出事業者に対しても廃棄物の適切な処理の徹底を求めるに至っている。

　産業廃棄物の不法投棄をすると、不法投棄を行った処理業者だけでなく、依頼をした排出事業者の法的責任（原状回復義務）が問われるリスク、行政指導を受けるリスク、報道等によるレピュテーショナルリスクがあることから、すみやかに事実関係の調査を行う必要がある。

　調査をするうえでは以下のような廃棄物処理法に関する知識が必要になる。

(1) 委託契約書の作成

　産業廃棄物の収集運搬・処理にあたっては、排出事業者は、収集運搬を委託する廃棄物処理業者、処理を委託する廃棄物処理業者ごとに契約書を作成する必要がある（三者契約の禁止）。契約書には、廃棄物処理法施行令6条の2第4項が定める「委託する産業廃棄物の種類及び数量」「産業廃棄物の運

搬を委託するときは、運搬の最終目的地の所在地」「産業廃棄物の処分又は再生を委託するときは、その処分又は再生の場所の所在地」「その処分又は再生の方法及びその処分又は再生に係る施設の処理能力」「産業廃棄物の処分又は再生を委託する場合において、当該産業廃棄物が法第十五条の四の五第一項の許可を受けて輸入された廃棄物であるときは、その旨」「産業廃棄物の処分（最終処分）を委託するときは、当該産業廃棄物に係る最終処分の場所の所在地、最終処分の方法及び最終処分に係る施設の処理能力」「その他環境省令で定める事項等」を記載するとともに許可証の写し等を添付しなければならない。違反した場合、排出事業者には、3年以下の懲役もしくは300万円以下の罰金、またはこれが併科される（廃棄物処理法26条）。

(2) 再委託の禁止

産業廃棄物処理の責任の所在が不明確になることを防止する観点から、排出事業者から委託を受けた廃棄物処理業者が第三者に収集運搬、処理を再委託することは、原則として禁止されている（廃棄物処理法14条16項など）。違反した場合、再委託した廃棄物処理業者には、3年以下の懲役もしくは300万円以下の罰金、またはこれが併科される（廃棄物処理法26条）。

(3) 不法投棄等に対し排出事業者が負う責任（原状回復義務）

廃棄物処理業者は、「施設の故障や事故」「事業の廃止」「施設の休廃止」等6要件のいずれかを満たした場合には、処理困難通知（廃棄物処理法14条13項）を排出事業者に送付しなければならない。そして、処理困難通知を受け取った排出事業者は、新たな産業廃棄物の処理の委託を中止するとともに、処理完了の返送を受けていないマニュフェストがある場合には、委託した廃棄物の処理が完了しているかを確認し、処理が完了していない場合には、別の廃棄物処理業者との間で廃棄物処理委託契約を締結するなど個々の

ケースにあわせた措置をとる必要がある（環境省平成22年改正廃棄物処理法Q&A参照）。また、排出事業者は、処理困難通知を受け取った日から30日以内に、都道府県または政令指定都市に対して実際に講じた措置内容を記載した措置内容等報告書を提出する必要がある。

　なお、平成28年に判明した食品廃棄物が処分業者により不適正に転売されたケースでは、処分業者からの処理困難通知の発出にあわせて、都道府県が排出事業者に対して回収を指導している。

(4)　排出事業者に対する措置命令

　「生活環境の保全上支障が生じ、又は生ずるおそれがあり」、かつ、「処分者等の資力その他の事情からみて、処分者等のみによっては、支障の除去等の措置を講ずることが困難であり、又は講じても十分でないとき」「排出事業者等が当該産業廃棄物の処理に関し適正な対価を負担していないとき、当該収集、運搬又は処分が行われることを知り、又は知ることができたときなど排出事業者等に支障の除去等の措置を採らせることが適当であるとき」（廃棄物処理法19条の6）との2要件を満たす場合には、都道府県知事は、排出事業者に生活環境保全上の支障を除去させる旨の措置を命令することができる。

　排出事業者による処理状況の確認義務は、努力義務であるため罰則の対象となることはないが、廃棄物処理法19条の6の規定に該当する場合には、措置命令の対象となりうるとされていることに留意する必要がある（環境省平成22年改正廃棄物処理法Q&A参照）。

　また、措置命令が出た場合には、都道府県のホームページ等で事案の公表がなされるため、排出事業者には措置命令が出る前の対応が求められる。

3 調査では何を調べるか

(1) 排出事業者である当社として調査すべき事項

　当社は委託契約書とマニュフェストを確認し、当社が搬出した廃棄物を特定する必要がある。また、排出事業者として過去にどの程度の頻度で現地確認等を行ったかについても調査する必要がある。

(2) 委託先廃棄物処理業者に対する調査

　まずは、期限を区切ったうえで、文書で廃棄物処理業者に対してマニュフェストD票の返信を求める。
　並行して、委託先廃棄物処理業者に対して現地確認を申し入れる。現地確認では、事前に委託契約書・許可証を確認する。現地では、「排出事業者責任に基づく措置に係るチェックリスト」(環廃産発第1706201号平成29年6月20日「排出事業者責任に基づく措置に係る指導について（通知）」参照)を参考に、保管場所に設けられている掲示板（廃棄物処理法施行規則8条）の「産業廃棄物の種類」「保管高さ」の記載を確認したうえで、過剰保管の有無、廃棄物処理施設内で職員が稼働しているかどうか、施設が稼働しているかどうかなどについて確認する必要がある。廃棄物が山積みになっている、紙や木くずと廃プラスチックのように処理方法が異なるものが分離されずに保管されている、廃棄物が飛散等するような方法で保管されているなどの事情が認められる場合には、廃棄物処理法が遵守されているか慎重に調査する必要がある。
　必要に応じて、委託先廃棄物処理業者に対する調査を弁護士に依頼することについても検討する。

4 調査結果を踏まえてどのように対応するか

(1) 是正措置

　万が一、過剰保管や不法投棄が確認された場合には、排出事業者である当社は直ちに廃棄物処理業者への搬出を中断させ、被害の拡大を防ぐ必要がある。直ちに廃棄物処理業者への搬出を中断しない場合、不法投棄等が行われることを知りうる状況にあったとして、措置命令（廃棄物処理法19条の6）の対象になるおそれがある。

　廃棄物処理業者が現地確認の申入れに応じない場合も、廃棄物処理法違反のおそれがあるため、廃棄物処理業者への搬出の中断について検討する必要がある。搬出の中断にあたっては、廃棄物処理業者から産業廃棄物処理委託契約への契約違反を指摘されないよう事前に弁護士と十分な協議が必要である。

　また、当社が搬出した産業廃棄物が不法投棄等された産業廃棄物に含まれる場合には、費用負担は発生するものの、自発的に処理することが措置命令の回避に役立つ可能性がある。当社が廃棄物処理法所定の事項が記載された委託契約書を取り交わしていない場合など廃棄物処理法に反する事実が確認された場合には、自発的に処理することが刑事処分の決定にあたって当社に有利に考慮される事情となりうるので弁護士と十分に協議のうえ対応について検討する必要がある。

(2) 再発防止措置

　再発防止策としては、委託業者の選定を慎重に行うとともに、適正価格での処理を委託することを進める。定期的に、または、抜き打ちで委託先廃棄物処理業者の処分場や業務内容等を確認するよう努め、委託先廃棄物処理業

者に対して現場確認、現地調査に協力させるべく、産業廃棄物処理委託契約書で委託先廃棄物処理業者に現場確認等に協力すべき義務を課しているかどうかについても確認する。

(3) 公表の要否の検討

公表の要否は、環境や健康への影響の程度、不法投棄された産業廃棄物が何か、その量、不法投棄の態様などを考慮して検討すべきであるが、内容がきわめて悪質な場合を除き、公表までは必要ないと考えられる。

5 報告書はどのようにまとめるか

廃棄物処理業者が過剰保管や不法投棄を行っている可能性がある場合の調査報告書の項目立ての例をあげると、以下のとおりである。

第1　発覚の経緯
第2　調査結果
　1　調査日時・場所
　2　過剰保管・不法投棄の状況
　3　当社の廃棄物が不法投棄等されたかどうか
第3　当社の廃棄物処理法違反該当性
　1　刑事処分の対象となる可能性の有無
　2　行政指導の対象となる可能性の有無
第4　今後の対応方針
　1　原状回復に向けた措置
　2　再発防止措置
　3　社内外への公表の要否

---

6 経営トップに対してどのように報告するか

　廃棄物処理法違反の事案が発生した場合、排出事業者に対しても、行政指導、刑事処分、原状回復などさまざまなリスクが生じるおそれがある。また、排出事業者は、廃棄物処理法の求める厳格な手続の遵守が求められる。

　そのため、経営トップに対して、現場確認等の結果を正確に報告するとともに、過去の社内の慣行に基づく取引や価格だけを重視した廃棄物処理業者選定の問題等が過剰保管等に影響している可能性がある場合には、それらについても報告する必要がある。また、不法投棄による環境問題に対しては厳しい非難が寄せられる社会情勢を理解したうえで、排出事業者には、「最終処分されるまでの行程を確認する」（廃棄物処理法12条7項）ことが求められており、排出事業者が適切な廃棄物処理業者を選定することが不法投棄発生防止につながることを意識し、再発防止策について検討する必要がある。

（坂本）

4-5　食品衛生法違反

> 　当社が販売している食品には食品衛生法上の成分規格・基準があり、当社でも独自の基準を公表してきた。しかし近年原材料の高騰による経費削減のため品質を落とした食品を販売し、実際に販売する食品とは異なる食品を用いて基準をクリアするようになっていたのを内部告発された。

1　どのようなケースが問題となるか

　これまでの報道では、食品衛生法など食品の安全に関する法規違反が問題となったケースとして、賞味期限切れの食品を包装し直して再出荷したり消費期限を先延ばしにしていた、下請業者に製造委託した食品に未認可添加物が混入していた、食中毒を起こした、原料に基準値を超える残留農薬が検出されたケースがある。また、不当景品類及び不当表示防止法（景品表示法）、農林物資の規格化等に関する法律や独立行政法人農林水産消費安全技術センター法（JAS法）違反が問題となったケースとしては、メニューに記載された産地と異なる産地の食品を利用していた食品偽装事件などがある。

2　調査は必要か

　食品の安全に関する意識の高まりから、平成15年5月に食品安全基本法が制定された。このなかで、食品関連事業者には、「食品の安全性を確保するために必要な措置を食品供給行程の各段階において適切に講ずる責務」（食

品安全基本法8条）があることが明記された。また、「食品会社は、安全性に問題のある食品が製造、販売されないように予め万全の体制を整えると共に、万一安全性に疑問のある食品を販売したことが判明した場合には、直ちにこれを回収するなどの措置を講じて、消費者の健康に障害が生じないようにあらゆる手だてを尽くす責任がある」と大阪高裁（平成18年6月9日判決）が判断しているように、食品の回収、取引先に対する損害賠償義務の履行（契約違反）、行政機関からの調査・監査への対応、刑事捜査に対応するために、事実関係を明らかにする必要がある。初動調査が不十分であったため、後日新たな不正が明らかになった場合には、当社の調査能力に疑問が生じ、マスコミなどから厳しい指摘を受けるリスクが高まる。内部告発があった場合、直ちに調査に着手する必要がある。

3　調査では何を調べるか

(1)　自社における調査事項

　内部告発の対象となった食品の製造・販売、表示等に関して適用される法令として代表的なものは、
① 　食品衛生法
② 　景品表示法
③ 　食品表示法
④ 　JAS法
⑤ 　計量法
⑥ 　不正競争防止法
⑦ 　医薬品、医療機器等の品質、有効性及び安全性の確保等に関する法律
⑧ 　健康増進法
などのほか各自治体の定める条例がある。いずれの法令が適用されるケース

かを確認し、法令や自社の定める基準、対象食品の製造時期・個数等、対象食品の販売先、基準違反により不利益が発生している事象がないかの確認をすみやかに行う必要がある。また、内部告発を受けた食品以外にも法令や自社の定める基準等に違反している事案がないかについても並行して確認する必要がある。特に、不十分な調査に基づいて、担当者の独断で行われたものであると説明した後、組織ぐるみで行われていたことが明らかになったために厳しい社会的制裁を受け、事業廃止に至ったケースもあるので、組織ぐるみで行われたものかどうかは、調査を行ったうえで慎重に確認する必要がある。

(2) 調査方法

内部告発の対象となった食品の確保、検査実施状況の現場を保存し、第三者が関与できない環境を整える必要がある。

法令の調査や解釈が問題になるケースでは、弁護士への相談を重ねながら進めることが望ましい。また、データや文書などが残っておらず、従業員からの事情聴取が主たる調査方法になる場合には、事案の隠蔽を指摘されるリスクを考えると、弁護士に調査依頼することを検討する必要がある。

4 調査結果を踏まえてどのように対応するか

(1) 情報の公表

現代の風潮として、消費者は食品の安全性についてはきわめて敏感であり、企業に対して厳しい安全性確保の措置を求めているので、調査途中であったとしても、安全性に疑問のある食品を販売したことが判明した場合には、直ちにこれを回収するとともに、すみやかに情報を公表し、被害の拡大

を防ぐ必要がある。

　食品に未認可添加物が混入していたケースでは、混入されていることを認識しながら、事実関係を徹底的に調査するなど自社の損害や信用失墜を最小限度にとどめるための適切な対応を講じなかった取締役に善管注意義務違反の責任を認め、取締役らに、自社に対し、対策に要した費用の2～5％の損害賠償を認めた大阪高裁（平成18年6月9日）判決もある。また、回収の遅れが被害を拡大させたとして業務上過失傷害容疑で書類送検されたケースもあるので注意が必要である。

(2) 取引先への情報開示と協力の要請

　取引先に対して調査結果や改善策を説明し、取引継続について協議する。回収等の対応が必要な場合には協力要請も行う。

(3) 損害賠償への対応

　法令の定める基準や取引先が設定した基準に合致していない食品を販売した場合には、損害賠償への対応が必要になる可能性が高い。一方、自社の基準に合致していない食品を販売した場合には、それだけでは契約違反にならない場合もあり、損害賠償については慎重に検討する必要がある。
　また、被害者への対応では、相手方が複数にわたる場合には、他事業者からも請求を受けることを考慮して解決を図るべきであり、解決時に秘密保持条項を結ぶことも検討する必要がある。

(4) 保健所等の行う調査・監査、警察等の行う捜査への協力

　食中毒が疑われるケースでは、食品衛生法に基づいて保健所長による調査（同法58条）が行われる。また、調査して食中毒が確認され、食品などに虚

偽または誇大な表示や広告が確認された場合（同法20条）、厚生労働大臣または都道府県知事が、被害の拡大防止等のために、原因食品や原因と疑われる食品の販売・使用などの禁停止命令、回収命令または廃棄命令などを出す（同法54条１項）ことがあるので、命令に従う、警察などの捜査に対しても協力する、必要がある。

　表示が優良誤認に該当する場合、販売の差止め等に関する措置命令（景品表示法７条）や優良誤認させた商品の最大３年間分の売上額の３％を課徴金として国庫に納付しなければならない課徴金納付が命令されるおそれもある（同法８条）。課徴金納付命令については、違反行為を自主申告することで課徴金額の減額が認められることもあり（同法９条）、実施予定返金措置計画を策定し、消費者庁長官の認定を受ける等所定の手続に沿って自主返金を行った場合には、課徴金納付を命じないまたは減額が認められる。

(5) 再発防止策の策定

　内部告発に至ることなく、早期に不正を発見でき自主点検を行える体制の確立、品質管理を行う部門の設置、法令遵守に関する従業員教育の充実等についても検討する必要がある。

5　報告書はどのようにまとめるか

　法令や自社で定める基準に違反した食品を販売等した場合の調査報告書の項目立ての例をあげると、以下のとおりである。

第１　発覚の経緯
第２　調査結果
　１　適用される法令や自社基準
　２　法令違反の有無や自社基準違反の有無

3　問題となる食品の特定、食品の出荷・回収状況
   4　法令違反や自社基準への違反を開始した時期と原因分析
 第3　今後の対応方針
   1　再発防止措置
   2　監督官庁・行政機関への対応
   3　社内外への公表の要否、方法（プレスリリースまたは記者会見）の検討

6　経営トップに対してどのように報告するか

　原因分析では、ケース単独の問題として取り扱わず、社内全体に法令遵守の意識の欠如、営業優先の姿勢、行き過ぎた効率性の追求などの問題が隠れている可能性にも留意し、それらを踏まえた再発防止策について提案する必要がある。

（坂本）

4-6 役職員による反社会的勢力との交際

> 総務部長のもとに、取引先から「御社の常務が、入れ墨の入ったヤクザのような風貌の連中と会食していたが、御社は暴力団と付き合いがあるのか」という声が入ってきた。また、総務部長は、常務が複数の社員に「ヤクザをやっている昔の友人から、仮想通貨のビジネスを一緒にやらないかという誘いを受けているんだ」という話をして回っていることを、社員との飲み会の席で聞いた。

1 どのようなケースが問題となるか

　役職員が、暴力団や暴力団員と密接な関係を有する者と認められる場合はもちろんのこと、真実暴力団員と密接な関係を有しているか否かにかかわらず、反社会的勢力との関係遮断に対する意識が乏しいことを如実に示す行為に及んだ場合には、役職員に対する対外的な信用を失墜させるものとなるうえ、従業員個人に対する評価のみならず、ひいては役職員の属する企業全体の姿勢の問題に波及しかねない。

　したがって、「役職員が、企業の反社会的勢力との関係遮断の精神に反する行為」と評価できる以下の行為に及んだときには、業務上・業務外を問わず、企業の危機管理の問題として取り上げるべきである。

暴力団若しくは暴力団員と密接な関係を有する者（東京都暴力団排除条例2条4	・「暴力団又は暴力団員が実質的に経営を支配する法人等に所属する者」 ・「暴力団員を雇用している者」 ・「暴力団又は暴力団員を不当に利用していると認められ

号）	・「る者」 ・「暴力団の維持、運営に協力し、又は関与していると認められる者」 ・「暴力団又は暴力団員と社会的に非難されるべき関係を有していると認められる者」
「暴力団又は暴力団員と社会的に非難されるべき関係を有している」と考えられる行為	・相手方が暴力団員であることをわかっていながら、その主催するゴルフ・コンペに参加する行為 ・相手方が暴力団員であることをわかっていながら、頻繁に飲食をともにする行為 ・誕生会、結婚式、還暦祝いなどの名目で多数の暴力団員が集まる行事に出席する行為 ・暴力団員が関与する賭博等に参加する行為
役職員が、企業の反社会的勢力との関係遮断の精神に反する行為 （※法令等に定義されているわけではない）	・反社会的勢力であることがわかっていながら私的交際・取引を行う行為 ・相手方が反社会的勢力である合理的な疑いがあるにもかかわらず無視する行為 ・反社会的勢力と私的交際している事実を安易に口にする行為 ・暴力団排除条例の解釈で「社会的に非難されるべき関係を有している」と評価されかねない行為

2　調査は必要か

　業務上・業務外を問わず、「役職員が、企業の反社会的勢力との関係遮断の精神に反する行為」の端緒が認められた場合、企業はできる限り把握するよう努めるべきである。

　従業員が、反社会的勢力との私的交際・取引を行っているという事実は、純粋に私的な交際なら、企業として把握することは不要ではないかとみる向きもあるかもしれないが、そのような考え方は適切ではない。

　役職員は、企業がもつ一人の「顔」である。役職員が企業活動とまったく関係のない事柄であっても、刑事事件で逮捕され、従業員が所属する企業名が公表されたような場合には、その風評により、従業員が所属する企業の価

値にも影響をもたらしかねない。企業の役職員が反社会的勢力と蜜月となっていることが判明した場合、たとえそれが業務と無関係な私的な交際であっても、そのような役職員がいるということそれ自体をもって、企業の反社会的勢力との関係遮断に向けた姿勢を疑われ、企業価値を大きく損ねることとなりかねない。

したがって、企業は役員・従業員を問わず私的交際を把握したら、やめさせる方向で促すべきである。その前提として、従業員が、反社会的勢力と私的に交際している事実については、企業でもできる限り把握するよう努めるべきである。

3 調査では何を調べるか

このケースでは、「常務が入れ墨の入ったヤクザのような風貌の連中と会食していた事実」「常務が、暴力団員から、仮想通貨のビジネスを一緒にやらないかという誘いを受ける関係にある事実」の有無を皮切りに、常務に暴力団（員）と社会的に非難されるべき関係を有していると考えられる事実があるかを調査する。また、常務が反社会的勢力と密接交際しているかのように疑われる事実を、他の役職員に安易に口にするといったような、反社会的勢力との関係遮断に対する意識の低さを表す事実が認められるかも、調査の対象になる。

具体的には、以下の事実が調査対象となると考えられる。

① 取引先が認識した「入れ墨の入ったヤクザのような風貌の連中」の所属企業・団体名、氏名、年齢、属性など、暴力団関係者と判断した根拠とその裏付け

② 取引先が認識した、常務と「入れ墨の入ったヤクザのような風貌の連中」が会食した事実の有無、日時・場所、これを目撃ないし認識している他の関係者の有無

③ 「常務が、暴力団員から、仮想通貨のビジネスを一緒にやらないかとい

う誘いを受けている」という趣旨を話した事実の有無
④　話における「暴力団員」が指し示す者の氏名、年齢、性別、属性、暴力団員と判断される根拠
⑤　「暴力団員から、仮想通貨のビジネスを一緒にやらないかという誘いを受けている」という趣旨の話を常務から聞いた複数名とは、具体的に誰か、聴取した日時、場所、話の具体的内容

　なお、反社会的勢力に関する調査のポイントは、「暴力団又は暴力団員と社会的に非難されるべき関係を有している」と評価すべき関係にある役職員が、「会社にいう必要がない」「黙っておきたい」「公にしたくない」という気持ちになることを理解して調査することである。

4　調査結果を踏まえてどのように対応するか

(1)　疑いにとどまる場合と、事実と認められる場合

　社内調査をしても、対象者である役職員が、「暴力団又は暴力団員と社会的に非難されるべき関係を有している」行為に及んだ事実が確認できず、また、その他企業の反社会的勢力との関係遮断の精神に反する行為に及んだ事実も確認できず、あくまで疑いの域を出ないという場合には、ほかに就業規則上の根拠がないのであれば、社内処分などは差し控えるべきということになる。もっとも、反社会的勢力との関係遮断の精神に反する行為に及んだ疑いが消えるまで、対象者については継続的なモニタリング（継続調査・監視）をすることになる。
　他方、社内調査により、対象者である役職員に暴力団（員）と社会的に非難されるべき関係があると確認できた場合には、企業は、迅速に、役職員の業務委託契約ないし従業員との労働契約関係の終了などを検討する。
　役員の地位を終了させるためには、株主総会による解任、辞任勧奨、任期

満了を待つこと、役員の解任の訴えなどの方策がある。

　従業員の地位を終了させるためには、普通解雇を行うことが考えられる。客観的に合理的な理由が認められ、社会通念上相当と認められる可能性が高いことから、普通解雇は可能といえる。もっとも、採用時に誓約書を取り付け、就業規則に暴力団排除条項を入れておくことなどによって、客観的合理性と社会通念上の相当性を担保するよう、社内規程を整備しておくべきである。

(2)　是正策のポイント

ア　情報管理

　企業は、情報管理の観点から、反社会的勢力と密接交際に及んでいることが判明した役員のPC利用を禁止したり、会社への入館を禁止したりする方策をとることを検討する。有事の際の対処に困らないよう、平時から危機事態におけるアクセス権制限について準備をしておく必要がある。

イ　損害の回復

　反社会的勢力との関係遮断の徹底に関する情勢を踏まえれば、役職員に暴力団（員）と社会的に非難されるべき関係があるときは、役員の任務懈怠行為であると評価できることから、任務懈怠行為と相当因果関係のある損害を、役員に責任追及することが考えられる。損害としては、役員と反社会的勢力との関係調査に費やした専門家報酬、企業の信用を毀損したことによる損害、上場契約違約金、罰金、課徴金等を課された場合にはその各納付額などがあげられるであろう。

(3) 再発防止策のポイント

ア 反社会的勢力との密接交際に発展する端緒の把握

　反社会的勢力と知人関係に至った者のなかには、相手方が反社会的勢力であるとわかった後でも、相手方がいわゆる「悪人」ではないと感じ、特に私的な関係を切りたいとは思わない者もいる。他方で、「面倒なことになったな」「そんな人ならば、できれば関係を切りたいな」と感じているものの、「もう会いたくないけど、不自然に思われないようなかたちでどうやって関係を遮断すればいいのか」といった悩みをもっている者もいる。

　また、役職員は、自分と反社会的勢力とが私的に交際している事実が会社に明るみになろうものならば、自らの人事評価や昇進に不利に働きかねないと感じるのが常であり、いっそう、そのような事実は顕在化せずに潜ったままとなる。

　つまり、反社会的勢力との私的交際・取引は、だれもが「できれば公にはしたくない」「黙っておけばわからないだろう」「事を荒立てなくても、私的な関係にとどまる限り何の問題もないだろう」と思う事象であって、そのように考える役職員がいるので、結果的に、反社会的勢力との不適切な関係をずるずると継続してしまう。

　事柄の性質上、従業員が反社会的勢力と接点を有しているという事実は、従業員のほうから企業に対して積極的に申告されることがあまり期待できず、逆に秘匿される可能性のほうが高い。したがって、反社会的勢力との不適切な関係の再発を防止する策は、企業が、「従業員が反社会的勢力との密接交際に発展する端緒を把握しやすくする方法」を考えることから始まる。

イ 「反社会的勢力と私的交際・取引をしない」という企業風土の醸成

　まず、再発防止策の第一歩として、「業務上はもちろんのこと、プライ

ベートでも、反社会的勢力と交際することはありえない」という感覚を、同一企業内に生きる役職員の「常識」にまで高めていかなければならない。反社会的勢力であることがわかっていながら私的交際・取引を行う、相手方が反社会的勢力である合理的な疑いがあるにもかかわらず無視する、反社会的勢力と私的交際している事実を安易に口にする、暴力団排除条例の解釈で「社会的に非難されるべき関係を有している」と評価されかねないなどの行為は、業務上かプライベートかを問わず、明らかに不適切であり、そのような行為に及ぶことはおよそ企業人として考えられない行為だということを、企業全体で共通の常識にすべきである。

ウ　社内規程の整備

業務上・業務外を問わず、「業務上も、プライベートでも、反社会的勢力と交際することはありえない」という感覚を「常識」にまで高めるために、採用内定通知書、入社時誓約書、就業規則、服務規律、内部通報規程などの各社内規程に、私的交際も含めた反社会的勢力との交際・取引を禁止する旨の暴排条項を導入していくべきであり、かつ、これらの旨を社内研修などで徹底していくことが望ましい。

5　報告書はどのようにまとめるか

調査結果を報告書にまとめる場合、項目立ては以下のとおりである。

第1　発覚の経緯

第2　調査結果

　1　関連する社内規程

　2　事象①――対象役員と外観上暴力団関係者と疑われる複数名との会食の事実

　3　事象②――対象役員の暴力団員による仮想通貨ビジネス誘引の事実

4　問題事象発生原因の分析
　第3　今後の対応方針
　　　1　是正策
　　　2　再発防止策
　　　3　監督官庁・行政機関への対応
　　　4　社内外への公表等の要否

6　経営トップに対してどのように報告するか

　経営トップに対しては、できる限り早期に事実関係を整理し、確保ずみの関連資料や証拠を添えて認定事実を報告する。

　調査の結果、調査対象者である役職員が「暴力団又は暴力団員と社会的に非難されるべき関係を有している」と認められた場合には、経営トップに対し、企業として迅速に業務委託契約ないし労働契約関係を解消するための具体的な方法と手順を、弁護士の法的意見を踏まえて報告する。

　また、調査対象者である役職員が「暴力団又は暴力団員と社会的に非難されるべき関係を有している」とは認められなかった場合であっても、役職員との関係を継続していくことにより生じうるリスクを企業として許容可能と考えられるのか、また、継続するのであれば今後どのようにリスクコントロールしていくのかについて、経営トップに対して具体的に提案すべきであり、経営トップと認識を共有し、企業としての姿勢を確認すべきである。

　そして、調査結果の如何にかかわらず、経営トップに対しては、前述の再発防止策を講じていくことを提案すべきであろう。

（関）

4-7 取引先が反社会的勢力であるという疑いが生じた場合

> 当社は清掃業務を業者に委託していたが、その業者から関連会社を紹介され、植木のリースや備品の購入について継続的な取引を求められたため、関連会社と継続的取引を締結した。その後、関連会社が実は暴力団に支配されているフロント企業であるとの噂を聞いた。

1　どのようなケースが問題となるか

　東京証券取引所一部上場企業である施設運営会社が、元暴力団幹部の右翼団体幹部が関連する不動産会社に本社社屋の清掃業務を委託し、複数年にわたり総額約9億円を支払っていたとしてマスコミに大きく報道された。また、地方公共団体の庁舎など施設の清掃業務を地方公共団体が委託していた清掃業者においてその実質的な経営者が、暴力団員であった旨が判明したこともあった。このように、清掃業者、植木業者、リネン業者など小規模の継続的な業務委託契約に反社会的勢力が関係する企業が介入し、反社会的勢力の活動の資金源としているケースがみられる。

　企業の社会的責任として、企業は、暴力団等の反社会的勢力とのいっさいの関係遮断を求められていることから（平成19年6月19日「企業が反社会的勢力による被害を防止するための指針」、各都道府県暴力団排除条例、各省庁の監督指針など）、取引先が反社会的勢力であると判明した場合、早急にいっさいの関係を解消するよう努めなければならない。反社会的勢力の関係遮断がコンプライアンスの観点で当然の常識となっている現在の社会通念のもとでは、反社会的勢力と取引関係を有していた企業であるとのレッテルをひとた

第4章　業務・その他

び貼られてしまうと、体力のない中小企業は、復活のチャンスが与えられることなく会社存亡の危機に直結しかねない。

したがって、取引先が反社会的勢力であるという疑いが生じた場合、企業は事実関係を調査し、取引先との契約関係を解消すべきか、契約関係を解消するとしてどのような方法をもって解消するのが相当かを、迅速に判断し、実行に移す必要がある。

2 調査は必要か

(1) 関連会社の反社会的勢力属性

このケースでは、当社と継続的契約を締結した関連会社が、暴力団（員）が実質的に経営を支配するフロント企業であれば、関連会社が反社会的勢力であるとして、関係を解消しなければならない。

反社会的勢力と取引関係を継続しているということが外部に伝わると、企業のレピュテーションにも影響するため、できる限り迅速な事実調査が必要となる。そして、事実調査の結果、反社会的勢力であることが判明した場合や、反社会的勢力と断ずることができる決定的な材料が入手できなかったとはいえその疑いが否定できないとして、企業として取引を継続することが不適切と考えられる場合、関連会社との継続的取引の契約内容に照らして、契約関係を解消することができるか、契約関係を解消したときに逆に損害賠償を請求されるリスクがないのか、どのような原因事実に基づいてどのような通知を発信して契約関係を解消すべきかといった法的な検討が必要となる。

(2) 関連会社を紹介した既存取引先（清掃業者）の反社会的勢力属性

関連会社との取引を解消するのみで一件落着となるというものではない。
反社会的勢力である関連会社を紹介してきた、清掃業務を委託してきた業者についても、これを機に、反社会的勢力でないかを確認し、これまで継続してきた清掃業務委託を継続できるのか否か、契約関係を打ち切るとしてその具体的方法を考える必要がある。

(3) 当社側関係者が関与していなかったか

さらに、関連会社との間で継続的に取引するのにあたって、当社内の役職員が、関連会社が反社会的勢力であることを認識していたといった事情がないか、契約締結プロセスに関与した当社側関係者の不適切行為の有無に関する調査も必要となる。

3 調査では何を調べるか

(1) 反社会的勢力属性に関する事実

このケースでは、関連会社や既存取引先の反社会的勢力属性に関して、以下の対象事実を調査することが考えられる。
① 関連会社の登記事項証明書を取得し、現在の登記事項からわかる現在の役員についての氏名、住所、生年月日、過去の犯罪記事の有無
② 関連会社の閉鎖登記事項証明書を取得（過去の役員に反社会的勢力が含まれていたものの、今般の反社排除の情勢となったことから役員を変更している

フロント企業があるため)し、登記事項からわかる過去の役員について、氏名、住所、生年月日、過去の犯罪記事の有無
③ 既存取引先(清掃業者)に関する、関連会社の上記情報と同様の情報の有無

　調査対象者が反社会的勢力に該当する者であるか否かを確認するには、警察に対する属性照会することが考えられるが、それ以外の方法としては、①新聞・雑誌・インターネット情報などの公知情報を調査する、②民間調査会社を利用する、③商業登記・不動産登記情報を閲覧する、④指名入札停止情報を検索する、⑤現地を確認する、現場担当者がヒアリングする、⑥各業界団体・協会から情報提供を受ける、⑦自社で管理している反社会的勢力データへ照合するなどがある。企業は実施可能な情報をできる限り収集することが重要である。

　そのうえで、暴力団排除条例上の義務を履行する目的で、警察等に対する属性照会を実施することが考えられる。企業は「反社会的勢力に該当する場合には関係遮断する」旨の暴力団排除条項を業務委託契約書に設けており、排除対象に該当する場合には必ず排除する方針で臨むという前提を満たしているのであれば、暴力団に関する警察からの情報提供について定めた平成25年12月19日警察庁通達「暴力団排除等のための部外への情報提供について」に基づき、警察から情報提供を受けられる可能性がある(「警察に対する属性照会のための情報提供依頼書」参照)。

　詳しくは、全国各地の暴力追放運動推進センター、その他の警察等関連機関に相談することが望ましい。

(2) 解除事由に関連する事実

　反社会的勢力の属性に関する事実だけでなく、関連会社や既存取引先との間で締結している継続的契約の解除事由に関連する事実(関連会社が契約違反に該当する事実、過去に法令等に抵触する行為を行った事実、その他契約当事者間の信頼関係破壊を基礎づける事実等)も、調査の対象とする。

(3) 継続的取引の経緯に関する事実

　真相究明・原因分析、是正策・再発防止策の策定のために、既存取引先（清掃業者）や関連会社と取引を行うに至った事実経緯や関連会社との取引開始に関して、当社の役職員が、具体的にどのような態様で関与したのかについても調査すべきである。

4　調査結果を踏まえてどのように対応するか

(1) 疑いにとどまる場合と、事実と認められる場合

　社内調査をした結果、調査対象者である関連会社や既存取引先がいずれも反社会的勢力に該当しないことが確認できたら（人違いや勘違いであることが確認できた場合）、調査は終了となる。
　調査対象者が反社会的勢力に該当するとは確認できず、また、その他契約解除事由に該当する事実も認められなかったものの、その疑いは依然残るという場合には、対象者について継続的なモニタリング（継続調査・監視）を行うべきである。
　調査対象者が反社会的勢力に該当すると確認できた場合、企業は迅速に業務委託契約の解消を検討する。

(2) 是正策・再発防止策のポイント

ア　契約審査の見直し

　反社会的勢力と取引することになった原因として、契約締結時の審査の脆

弱さがあげられる。「入口」における反社チェックを行っていないという契約締結プロセスとなっていないか、既存取引先からの紹介だからとして、契約審査が甘くなり、本来確認すべき反社チェックを怠っていたか検討する。

契約締結後の反社排除にはさまざまな困難とリスクを伴う場合が多いため、反社会的勢力対応の基本は、契約自由の原則が通用する「入口」における排除である。まだ「入口」段階での排除に取り組んでいない企業は、入口排除の仕組みを必ず導入すべきである。

イ　暴排条項を挿入することを必須とする契約審査

現在のコンプライアンス環境のもとでは、企業が締結するすべての継続的契約の契約条項に暴力団排除条項を導入することは必要不可欠である。契約審査の際、暴力団排除条項を挿入することを必須としていない企業は、至急改めるべきである。

5　報告書はどのようにまとめるか

調査結果を報告書にまとめる場合、項目立ての例をあげると、以下のとおりである。

第1　発覚の経緯

第2　調査結果

　1　関連会社の反社会的勢力該当性について

　2　既存取引先（清掃業者）の反社会的勢力該当性について

　3　当社役職員の関与有無について

　4　問題事象発生原因の分析

第3　今後の対応方針

　1　是正策

　2　再発防止策

(別紙) 警察に対する属性照会のための情報提供依頼書

年 月 日

○○県警察本部／○○警察署　御中

情報提供依頼書

○○株式会社
コンプライアンス部長　○○　○○　印
※　担当者：営業推進部　○○　○○
連絡先：　住　所：
電　話：　　　　　　　　内線（　　　）
FAX　：

　当社の取引先である下記対象者につき、下記照会事項に係る情報のご提供をお願いいたします。

記

〈照会事項〉下記対象者が、暴力団員その他業務委託契約書上の「反社会的勢力」に該当するか否か。

〈対象者〉

フリガナ	
氏　名	
生年月日	年　月　　日生（　　歳）　　性別　　男　・　女
住　所	〒 （　　年　　月　　日時点）
前住所等	〒 （　　年　　月　　日時点）
属性 (所属団体)	
取引に暴力団排除条項が規定されている旨及び内容	別紙「業務委託契約書」参照 《「業務委託契約書」の暴力団排除条項の内容を抜粋》
反社会的勢力と疑うに至った理由	別紙・反社会的勢力であるとの疑いを有するに至った経緯説明書参照。 暴追センターから取得した情報をもとに、該当する新聞報道を確認したところ、当社で把握している対象者の氏名、年齢、住所地がほぼ一致していたため。 罪名　　　詐欺容疑 　　　　　（平成○○年○月○日××新聞朝刊） 逮捕警察署　○○警察署 被疑者　　○○県○○市○○　指定暴力団○○組系暴力団幹部 　　　　　○○　○○（45歳）」 内　容　　「《新聞記事の見出し》」 　　　　　《新聞記事の内容》

(注１)　都道府県警察本部と所轄の警察署の両方に照会することが望ましい。
(注２)　情報提供の必要性・補充性を説明するために十分な資料を、可能な範囲で添付する。

第4章　業務・その他

3　社内外への公表等の要否

6　経営トップに対してどのように報告するか

　経営トップに対しては、できる限り早期に事実関係を整理し、確保済みの関連資料や証拠を添えて認定事実を報告する。

　調査の結果、調査対象者が反社会的勢力に該当すると認められた場合には、企業として迅速に、業務委託契約を解消するための具体的な方法と手順を、弁護士の意見も踏まえて報告することになる。また、調査対象者が反社会的勢力に該当するとは認められなかった場合であっても、取引を継続することにより生じうる風評リスクを企業として許容可能と考えられるのか、また、取引を継続するのであれば今後どのようにリスクコントロールしていくのかについて、経営トップに対して具体的に提案すべきであり、経営トップと認識を共有し、企業としての姿勢を確認すべきである。

　なお、取引先が反社会的勢力であるという疑いが生じた場合の是正や再発防止策の最大のポイントは、この契機に、反社会的勢力との関係遮断に向けた社内規程を整備するなど、「制度」不足を改善することに加えて、社内に反社会的勢力との関係遮断に向けた「風土」を醸成させることにある。社内全体に反社会的勢力との関係遮断に対する意識を根づかせ「風土」を醸成していくためには、何よりも経営トップがこの意識を自ら社内外に示すことが必要である。経営トップに対する報告に際しては、この事象を機に、経営トップ自らが社内外に反社会的勢力との関係遮断に向けたメッセージを発信することについて、経営トップに自ら考えてもらうことも一考に値すると思われる。

(関)

参考文献・資料

■ SNS利用
・清水陽平「サイト別ネット中傷・炎上対応マニュアル」(弘文堂)

■ セクハラ、マタハラ
・厚生労働省「職場におけるハラスメント対策マニュアル」
・菅野和夫、安西愈、野川忍編「論点体系判例労働法3」初版(第一法規)
・菅野和夫著「労働法第11版補正版」(弘文堂)
・第二東京弁護士会両性の平等に関する委員会編「ハラスメントの事件対応の手引き」(日本加除出版)
・中井智子著「職場のハラスメント 適正な対応と実務」第2版(労務行政)
・小山博章編「裁判例や通達から読み解くマタニティ・ハラスメント」(労働開発研究会)

■ ストーカー
・西田典之「刑法各論」第7版(弘文堂)
・千種秀夫＝高井伸夫「判例にみる使用者の責任」(新日本法規)
・警視庁「ストーカー規制法」(警視庁ウェブサイト)

■ 内部通報への対応ミス
・中原健夫・結城大輔・横瀬大輝著「これからの内部通報システム」(金融財政事情研究会)

■ 引き抜き
・東京弁護士会労働法制特別委員会著「27のケースから学ぶ労働事件解決の実務」(日本法令)

■ 交通事故
・加藤了編著「交通事故の法律相談」全訂第3版(学陽書房)
・羽成守・溝辺克己編「交通事故の法律相談」増補版(青林書院)

■ 通勤中の痴漢
・労務行政研究所編「新版 新・労働法実務相談」第2版(労務行政)

■ 名誉毀損
・中澤佑一「インターネットにおける誹謗中傷」(中央経済社)

・松尾剛行「最新判例にみるインターネット上の名誉毀損の理論と実務」（勁草書房）

■ 情報・社員名簿
・経済産業省　知的財産政策室編「逐条解説不正競争防止法平成27年度改正版」
・個人情報保護委員会「個人情報の保護に関する法律についてのガイドライン（通則編）平成28年11月（平成29年3月一部改正）」
・独立行政法人情報処理推進機構「情報漏えい発生時の対応ポイント集」第3版
・平成29年個人情報保護委員会告示第1号「個人データの漏えい等の事案が発生した場合等の対応について」
・個人情報保護委員会「改正個人情報保護法に基づく権限の委任を行う業種等及び府省庁並びに当該業種等における漏えい等事案発生時の報告先」【詳細版】

■ 入札談合
・公正取引委員会「公共的な入札に係る事業者及び事業者団体の活動に関する独占禁止法上の指針」
・公正取引委員会事務総局「入札談合の防止に向けて〜独占禁止法と入札談合等関与行為防止法〜」（平成30年10月版）
・森・濱田松本法律事務所編「企業危機・不祥事対応の法務」第2版（商事法務）
・長島・大野・常松法律事務所「不祥事対応ベストプラクティス」（商事法務）

■ 下請法違反
・鎌田明編著「下請法の実務」第4版（公正取引協会）
・公正取引委員会「知って守って下請法〜豊富な事例で実務に役立つ〜」

■ 不当表示
・消費者庁「不当景品類及び不当表示防止法第8条（課徴金納付命令の基本的要件）に関する考え方」
・消費者庁「メニュー・料理等の食品表示に係る景品表示法上の考え方」
・食肉の表示に関する検討会「和牛等特色ある食肉の表示に関するガイドライン」
・森・濱田松本法律事務所編「企業危機・不祥事対応の法務」第2版（商事法務）

■ 廃棄物処理法違反
・環境省「平成22年改正廃棄物処理法Q&A集」
・環境省「排出事業者責任に基づく措置に係るチェックリスト」（環廃産発第1706201号平成29年6月20日「排出事業者責任に基づく措置に係る指導について（通知）」
・ジェネス著「図解産業廃棄物処理がわかる本」（日本実業出版社）

■ 食品衛生法違反
・公益財団法人日本食品衛生協会著「新訂 早わかり食品衛生法 第6版食品衛生法逐条解説」（日本食品衛生協会）
・森・濱田松本法律事務所編「企業危機・不祥事対応の法務」（商事法務）

■ 反社会的勢力
・関秀忠・柊木野一紀・髙木薫・土田勇・鈴木哲広著「Q&A従業員・役員からの暴力団排除―企業内暴排のすすめ」（商事法務）

【編著略歴】

● 代　　表

窪田　もとむ
昭和47年3月　早稲田大学第一法学部卒業
昭和47年4月　司法研修所入所（司法修習期：26期）
昭和49年4月　判事補任官
昭和49年4月～59年3月　佐賀地裁、大阪地裁、大阪家裁、東京家裁、最高裁事務総局家庭局に勤務
昭和59年4月　判事再任
昭和59年4月～63年3月　旭川地・家裁に勤務
昭和63年4月　判事退官
昭和63年5月　弁護士登録（札幌弁護士会）、窪田法律事務所設立
平成20年5月　弁護士法人ほくと総合法律事務所にパートナーとして参画

成川　毅
昭和52年3月　明治大学法学部卒業
昭和55年4月　司法研修所入所（司法修習期：34期）
昭和57年4月　東京地方検察庁検事
昭和58年4月　札幌地方検察庁岩見沢支部検事
昭和60年4月　千葉地方検察庁検事
昭和62年4月　札幌地方検察庁検事
昭和63年3月　検察官退官
昭和63年4月　弁護士登録（旭川弁護士会）、成川毅法律事務所開設
平成12年3月　旭川弁護士会会長就任（～平成14年2月）
平成15年6月　日本弁護士連合会民事介入暴力対策委員会副委員長就任（～平成24年5月）
平成24年5月　弁護士法人ほくと総合法律事務所にパートナーとして参画
平成24年6月　日本弁護士連合会民事介入暴力対策委員会委員長就任

中原　健夫（編集、1－7、1－8執筆）
平成5年3月　早稲田大学法学部卒業（奥島孝康ゼミ（会社法）所属）
平成8年4月　司法研修所入所（司法修習期：50期）
平成10年4月　原田・尾崎・服部法律事務所入所（第一東京弁護士会）
平成14年4月　アメリカンファミリー生命保険会社（アフラック）入社（副法律顧問）

平成17年9月	あさひ・狛法律事務所入所
平成19年3月	のぞみ総合法律事務所入所（パートナー）
平成20年5月	弁護士法人ほくと総合法律事務所にパートナー（代表弁護士）として参画

●編

平岡　弘次

平成5年3月	早稲田大学法学部卒業
平成9年4月	司法研修所入所（司法修習期：51期）
平成11年4月	若林法律事務所入所（第一東京弁護士会）
平成15年4月	一番町綜合法律事務所入所
平成17年12月	日本債権回収株式会社入社
平成21年4月	弁護士法人ほくと総合法律事務所にパートナーとして参画
平成22年4月	日本債権回収株式会社取締役に就任
平成26年6月	債権回収会社取締役弁護士連絡協議会代表世話人に就任（～平成28年6月）
平成27年6月	アクリーティブ株式会社取締役に就任（～平成29年6月）

福田　修三　（2－1、4－2執筆）

平成11年3月	東京大学法学部卒業
平成12年4月	司法研修所入所（司法修習期：54期）
平成13年10月	谷川八郎法律事務所入所（第一東京弁護士会）
平成21年8月	弁護士法人ほくと総合法律事務所にパートナーとして参画
平成27年8月	二級知的財産管理技能士（管理業務）資格を取得
平成28年4月	一級知的財産管理技能士（特許専門業務）資格を取得
平成28年12月	一級知的財産管理技能士（コンテンツ専門業務）資格を取得

●著

石毛　和夫　（1－11、3－4執筆）

平成5年3月	東京大学経済学部経済学科卒業
平成7年3月	東京大学経済学部経営学科卒業
平成9年4月	司法研修所入所（司法修習期：51期）
平成11年4月	あさひ法律事務所（現・西村あさひ法律事務所）入所（第二東京弁護士会）
平成15年7月	政府系ファンド・㈱産業再生機構入社（～平成18年）
平成19年3月	公益社団法人日本監査役協会会員

平成19年4月　法律特許事務所イオタ（現・法律事務所イオタ）にパートナー弁護士として参画
平成22年〜23年　㈱フィデック（現・アクリーティブ㈱（東証一部上場））監査役
平成23年1月　弁護士法人ほくと総合法律事務所にパートナーとして参画
平成26年〜27年　国立研究開発法人 農業・食品産業技術総合研究機構「不適正経理処理事案調査委員会」委員長
平成26年12月　石山Gateway Holdings㈱・有価証券報告書虚偽記載事案に係る第三者委員会委員長
平成28年6月　公益財団法人メルコ学術振興財団監事

津田　秀太郎　（2－2執筆）
平成9年3月　上智大学法学部法律学科卒業
平成13年4月　司法研修所入所（司法修習期：55期）
平成14年10月　あさひ・狛法律事務所入所（第一東京弁護士会）
平成18年4月　窪田法律事務所入所（札幌弁護士会登録換え）
平成20年5月　弁護士法人ほくと総合法律事務所にパートナーとして参画

倉橋　博文　（3－1、3－2執筆）
平成12年3月　早稲田大学法学部卒業
平成13年4月　司法研修所入所（司法修習期：55期）
平成14年10月　原田・尾崎・服部法律事務所入所（第一東京弁護士会）
平成18年8月　金融庁検査局総務課（専門検査官）
平成19年7月　総務省行政評価局・年金記録問題検証委員会担当を併任（上席評価監視官）
平成20年8月　証券取引等監視委員会事務局証券検査課（専門検査官）
平成22年8月　LM法律事務所入所（第一東京弁護士会）
平成25年1月　弁護士法人ほくと総合法律事務所にパートナーとして参画
平成27年4月　第一東京弁護士会民事介入暴力対策委員会副委員長就任

関　秀忠　（4－6、4－7執筆）
平成12年3月　早稲田大学法学部卒業
平成13年4月　司法研修所入所（司法修習期：55期）
平成14年10月　舟辺・奥平法律事務所（現・あきつ総合法律事務所）入所（第一東京弁護士会）
平成18年4月　アメリカンファミリー生命保険会社（アフラック）入社（副法律顧問）
平成20年6月　弁護士法人ほくと総合法律事務所にパートナーとして参画
　　　　　　　弁護士サッカー世界大会「Mundiavocat2008 in Alicante」Best Goal-

　　　　　　　Keeper受賞
平成30年4月　第一東京弁護士会民事介入暴力対策委員会 副委員長就任

坂本　大蔵　（4－4、4－5執筆）
平成14年3月　慶應義塾大学法学部法律学科卒業
平成15年4月　司法研修所入所（司法修習期：57期）
平成16年10月　黒木法律事務所入所（札幌弁護士会）
平成17年4月　北海道大学法科大学院非常勤講師（平成20年3月まで）
平成22年7月　弁護士法人ほくと総合法律事務所にパートナーとして参画
平成29年4月　一般社団法人苫小牧市医師会附属看護専門学校非常勤講師

千葉　恵介　（4－1、4－3執筆）
平成14年3月　早稲田大学法学部卒業
平成17年4月　司法研修所入所（司法修習期：59期）
平成18年10月　渥美総合法律事務所（現：渥美坂井法律事務所・外国法共同事業）入所
　　　　　　　（東京弁護士会）
平成22年1月　三井物産株式会社法務部出向（〜平成22年12月）
平成26年9月　弁護士法人ほくと総合法律事務所入所
平成28年5月　弁護士法人ほくと総合法律事務所にパートナー就任

岡本　大毅　（1－4執筆）
平成17年3月　関西学院大学法学部卒業
平成19年4月　司法研修所入所（司法修習期：旧61期）
平成20年9月　一番町綜合法律事務所入所（第二東京弁護士会）
平成22年9月　弁護士法人ほくと総合法律事務所
平成26年4月　オリックス生命保険株式会社出向（〜平成29年3月）
平成28年1月　公認不正検査士（CFE）認定
平成30年4月　第二東京弁護士会民事介入暴力対策委員会 副委員長就任
平成30年5月　弁護士法人ほくと総合法律事務所にパートナー就任

高橋　康平　（1－6執筆）
平成13年3月　慶應義塾大学法学部政治学科卒業
平成13年4月　衆議院議員秘書（〜平成16年3月）
平成19年3月　大阪大学大学院高等司法研究科修了
平成19年11月　司法研修所入所（司法修習期：新61期）
平成20年12月　株式会社ドン・キホーテ入社（第一東京弁護士会）
平成23年10月　弁護士法人ほくと総合法律事務所入所

淺野　綾子（1－3、1－5執筆）
平成11年3月　　北海道大学法学部卒業
平成11年4月　　労働基準監督官任官
平成18年1月　　労働基準監督官退官
平成21年3月　　北海道大学法科大学院修了
平成22年11月　　司法研修所入所（司法修習期：新64期）
平成23年12月　　成川毅法律事務所入所（旭川弁護士会）
平成24年5月　　弁護士法人ほくと総合法律事務所入所
平成30年4月　　札幌弁護士会に登録換え
　　　　　　　　一般社団法人苫小牧市医師会附属看護専門学校非常勤講師

横瀬　大輝（1－2、3－3執筆）
平成20年3月　　慶應義塾大学法学部法律学科卒業
平成23年3月　　早稲田大学大学院法務研究科修了
平成23年11月　　司法研修所入所（司法修習期：新65期）
平成25年1月　　弁護士法人ほくと総合法律事務所入所（第一東京弁護士会）、早稲田大学大学院法務研究科アカデミックアドバイザー就任
平成25年9月　　一般社団法人三田空手会監事就任

鈴木　裕也（1－1、1－12執筆）
平成23年3月　　早稲田大学社会科学部卒業
平成26年3月　　法政大学法科大学院修了
平成26年12月　　司法研修所入所（司法修習期：68期）
平成28年1月　　弁護士法人ほくと総合法律事務所入所（第一東京弁護士会）

又吉　重樹（1－9、1－10執筆）
平成23年3月　　慶應義塾大学法学部法律学科卒業
平成25年3月　　早稲田大学大学院法務研究科修了
平成26年12月　　司法研修所入所（司法修習期：68期）
平成28年1月　　弁護士法人ほくと総合法律事務所入所（第一東京弁護士会）

【弁護士法人ほくと総合法律事務所の所属弁護士が第三者調査委員会等の委員または補助者等として関与した事案の一覧（一部）】

- 株式会社RS Technologiesの特別調査委員会（会計不正事案）に委員として関与
- 東京貴宝株式会社の第三者委員会（会計不正事案）に補助者として関与
- 株式会社日立化成の特別調査委員会（検査不正等事案）に補助者として関与
- 宇部興産株式会社の調査委員会（検査不正事案）に補助者として関与
- 株式会社ファルテックの特別調査委員会（会計不正等事案）に委員として関与
- 株式会社ドミーの第三者委員会（会計不正事案）に委員として関与
- 株式会社郷鉄工所の第三者委員会（会計不正事案）に委員として関与
- 石山Gateway Holdings株式会社の第三者委員会（会計不正事案）に委員長として関与
- 国立研究開発法人農業・食品産業技術総合研究機構の調査委員会（不適正経理処理事案）に委員長として関与
- 共同ピーアール株式会社の第三者委員会（不正取引事案）に委員長及び委員として関与

中小企業の社内調査

2019年2月27日　第1刷発行

　　　　編著者　弁護士法人ほくと総合法律事務所
　　　　発行者　倉　田　　勲

〒160-8520　東京都新宿区南元町19
　発　行　所　一般社団法人 金融財政事情研究会
　企画・制作・販売　株式会社きんざい
　　　出 版 部　TEL 03(3355)2251　FAX 03(3357)7416
　　　販売受付　TEL 03(3358)2891　FAX 03(3358)0037
　　　　　　　URL https://www.kinzai.jp/

校正：株式会社友人社／印刷：株式会社日本制作センター

・本書の内容の一部あるいは全部を無断で複写・複製・転訳載すること、および磁気または光記録媒体、コンピュータネットワーク上等へ入力することは、法律で認められた場合を除き、著作者および出版社の権利の侵害となります。
・落丁・乱丁本はお取替えいたします。定価はカバーに表示してあります。

ISBN978-4-322-13435-3